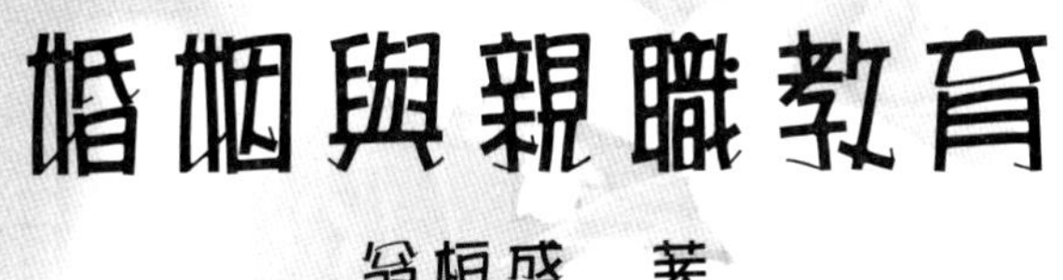

婚姻與親職教育

翁桓盛　著

作者簡介

翁桓盛

學　　歷：國立彰化師範大學特殊教育研究所結業
國立彰化師範大學教育學研究所碩士

甄　　試：高雄縣國民中學教師
台灣省國民中學主任班第三期
台灣省國民中學校長班第十八期

經　　歷：高雄縣六龜國民中學導師
彰化縣彰德國民中學導師、組長
彰化縣芬園國民中學教務主任
彰化縣和美國民中學教務主任
南投縣民和國民中學校長
彰化縣明倫國民中學校長
彰化縣彰泰國民中學創校校長
台灣省政府中小學校長、主任甄試口試委員
台灣省政府國民中學主任儲訓班第十一期輔導校長

兼任職務：（教育部講師證：講字第 075393 號）
彰化縣教師研習中心主任
國立中興大學教育學程兼任講師
中州技術學院兼任講師
中臺科技大學兼任講師
中山醫學大學兼任講師

中臺科技大學
陳校長　序

本校秉持優質的專業教學、前瞻性的產學研發、人性化的專業服務，為改制中臺科技大學之新願景，配合時代的潮流，傳承與創意並重、本土與國際接軌、科技與人文兼具、專業與品德兼修，以為辦學之原則，期望培育優質有創意、有競爭力的現代化、國際化精英。

為配合建校發展達成全人教育的辦學目標，本校通識中心在建構一個多元智慧融合的教學堡壘，期能人文與科技並重，專業知能與博學涵養兼備的理想，擴大延攬專業師資，教學強調理論、實務與將來性結合，期待中臺嶺上的學子能享有最優雅的教學環境，最豐盛的學習饗宴。

兼任教師翁桓盛，從國立彰化師範大學教育學研究所畢業，並長期從事學校行政業務，歷經三所國中校長，多年來承辦很多有關親職教育的活動，他對教育的深入研究暨親職的熟稔，擁有一溫馨幸福美滿的家庭，培育二位優秀的兒女就讀醫學系，並將行醫服務人群，以其對建構家庭及親職教育專才，在本校講授「婚姻與親職教育」，廣受學子的喜愛與熱烈迴響，開課的班級幾乎班班爆滿，學生如沐春風受益良多，尤其將研究多年學理、經驗、知能匯編成冊，嘉惠更多家庭與年輕人，其精神實在值得敬佩，本於中臺校務長遠發展造福更多社會人群，因而樂於為此書寫序。

中臺科技大學校長　陳富都　謹識

二〇〇六年四月十日於中臺嶺

前國立彰化師範大學
王副校長　序

結婚和養育、教育子女是絕大多數人必經的發展任務（developmental tasks），但如何圓滿達成這些任務，看似簡易，實則經過才知道卻有困境。雖然可透過事後博覽群書，或請教專家尋求補救式的解決；但其成效總不如於事前防範來得彰顯。

婚姻是一種人類共有的制度，固因文化的不同，而會有些微或顯著的差異，但是由於文化交流的普及，也會有相互影響或相互補充的地方，保持既有傳統，掌握時代脈動與潮流，實不可避免，但冀望天下有情人終成眷屬、永浴愛河、白頭偕老，則是永遠不變的祝福。至於如何達成這個人人期盼的目標，則有賴正確的認知與妥適的經營。但台灣日益增加的離婚率，卻也令人擔心，如何預防未然？如何使離婚雙方的身心傷害減到最低程度？都是必須面對的嚴肅議題。凡此，由正常的婚姻過程，甚至因而產生的變異程序，本書都有簡要而明確的分析，可提供青年男女獲得正確的認知，避免盲目嘗試，造成日後難以彌補的後遺症或傷害。

雖然古有明訓：「女子未有先學養子，然後嫁人者」；但是，由於社會的變遷，小家庭多取代傳統的家庭情況之下，這種傳統的思維必須賦予新的意義，才能歷久而彌新。親職教育即是在這方面呈現的努力作為，它不但適用於將來或即將踏入結婚禮堂者的必修課程；即使已經為人父母者，它也是必要的補修課程。本書繼婚姻的內容之後，析述親職教育的理論與實務，深具參考價值，更讓為人父母深切瞭解，養兒育女不僅是母親的職責，也是父親責無旁貸的重要任務。

本書於每章之末，均附載有格言集，主要聚焦於美滿家庭的營造與親職教育的實施重點，具見作者的用心，與對莘莘學子的殷切期望，務期我們的社會更加健全，每個家庭均能過著美滿而溫馨的生活。

本人與本書作者翁桓盛校長認識多年，深知翁校長家庭生活美滿，其賢伉儷教養子女有方，個個成就斐然；深信書中除了學理的精闢闡釋和分析之外，諒必融入翁校長不少獨到的見解，閱讀本書的學子和家長，定能從中吸取精華和受益。

本人幸有機會，先睹為快；對於翁校長的認真和用心，深表敬佩，尤其他在繁忙的公務處理之餘，仍積極從事於寫作，誠是不可多得的行政和學術雙全人才，故樂於為其寫序。

王文科

二〇〇六年四月六日序於台中市 Wang's Lodge

自序

隨著科技的進步及工業化的影響，整個社會越趨複雜，從媒體的報導我們感覺整個社會病了，而且病得很嚴重，追本溯源在婚姻與親職的關係；婚姻不美滿便無法建構健康幸福的家庭，又如何能善盡父母之天職，培育優質的兒女？而沒有優質的兒女，社會自然亂源叢生、亂象齊放，國家也就減少競爭力。

個人在基層從事教育工作近三十年，並長期擔任行政職務領導校務，接觸無數的學生、家長與仕紳，深深感受家庭、親職教育與兒女的成就有很明顯的相關性，內心萌生寫書立言的衝動，期望藉著《婚姻與親職教育》一書，幫助現在的年輕人將來如何扮演成功的父母，對於已為人父母者經由本書的閱覽，能成為更有效能的父母，至於擔任課後輔導班、托兒所、幼稚園的老師，更能愉快的勝任學童的保育工作。

本書內容大部分已在中臺科技大學講授，獲得極為熱烈的迴響，進修部的學生一再肯定與請託，希望以書本的方式完美呈現；本書共分十章敘述，內容從擇偶、婚約、完美的婚姻、孕育幸福健康的家庭到婚姻斜坡、婚姻危機，而至婚姻的輔導與治療；親職教育方面重點放在親職的理論基礎、行為改變技術、成功有效能的父母、偏差失敗的父母、親子溝通，人類發展各個階段的認知、心理、社會、道德的發展與輔導，及目前為人父母者最感頭痛的青少年教養問題、偏差行為、挫折容忍力、憂鬱症、自殺的預防與輔導，親職教育的實施策略與方法，本書以教育學理的觀點，長期從事青少年教育輔導的經驗，找出原因慎謀策略，對症下藥，期望它能協助解決為人父母的難題，匡正社會風氣，提升未來國家主人翁的競爭力。

本書得以完美呈現，首先該感謝內人袁素娟的鼓勵，女兒雅梅的幫忙打字，兒子碩駿與媳婦惠敏的英文專業名詞校稿，小女兒毓菁的獻策，而進修部同學的鼓勵與敦促是加速此書完成的助力，更應感謝的是教育博士候選人，現任馬興國小的林水木校長，在百忙中鼎力相助，將本書的內容作完整指導與架構的安排，亦感謝心理出版社的幫忙，讓本書得以順利完成；本書的出版完成我一生的重要願望，也感謝先父、先母養育之恩，期望此書能充分發揮功能，盼望天下的父母均能稱職而有效能，結髮夫妻能孕育幸福美滿的家庭，社會風俗能導引向上向善，國家能民富而國強，走向國際化與世界同步接軌。

婚姻是終身最重大的事，絕不能兒戲；

親職是一生應盡的天職，絕不可馬虎。

翁桓盛

二○○六年四月十八日謹序於中臺科技大學

目　次

第 1 章　擇偶

第 2 章　婚姻的基本概念

第 3 章　結婚與婚姻輔導

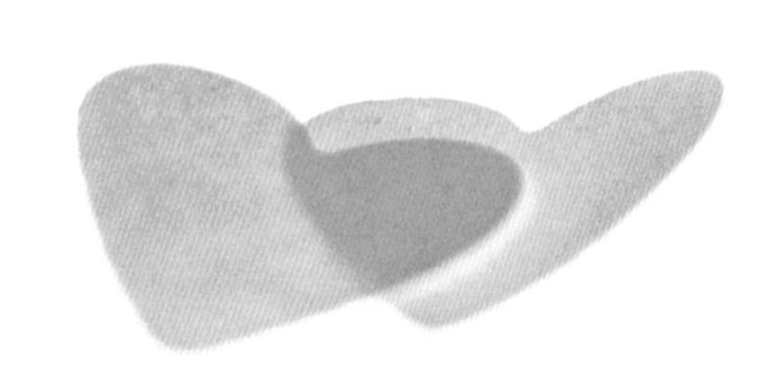
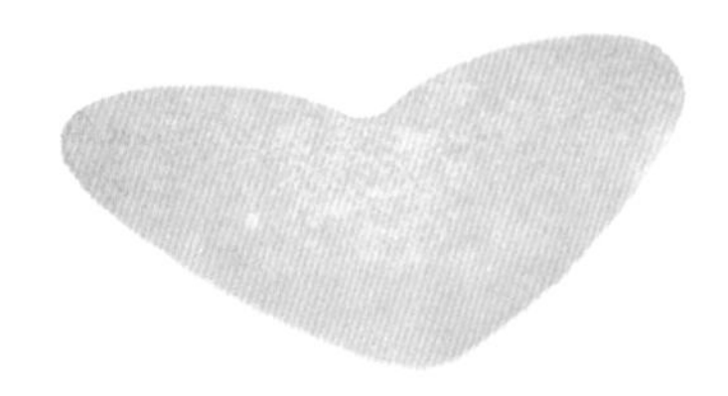

圖　次

表　次

第一章
擇　偶

第一節　擇偶的意義與重要性

擇偶（mate selection）的意涵是指，從認識或他人介紹的男女朋友中觀察，進而再從認識的男女朋友中選擇自己喜歡或滿意的對象，進行交往互動並透過冷靜思考、分析、判斷，繼而選擇適合的對象成為結婚伴侶。現代人擇偶的過程是約會、戀愛、結婚，往往約會中帶來身心的滿足感，因此有人認為戀愛中的青年男女，生活是彩色的、活潑的、甜蜜的，約會的陸續進行就是步入戀愛的進行曲。

戀愛（romance）是現代青年男女所渴望和追求的，因為它是每個人生命史上頗值得回味及永難忘懷的階段。儘管每個人都嚮往戀愛所帶來的甜蜜感與暈眩感，內心卻充滿「既期待又怕受傷害」的矛盾心情。

每一對熱戀中的男女，在面臨做抉擇時，心中或多或少會浮現「情到濃時反為薄」、「醉過方知酒濃、愛過方知情重」，結婚是男人賭以他的自由，女人賭以她的幸福。婚姻不是賭博也不是兒戲，將結婚的青年男女必須熟悉對方，並且有十足的把握與信心，才能考慮與對方攜手同組家庭，以免在婚後因雙方的價值觀、理念、個性、做法，或其他因素不合，而輕易的走上離婚之道，不但傷害雙方也造成下一代無法磨滅的痛（林進材，1995），製造更多的社會問題。

因此，懂得選擇異性伴侶是現代青年男女交往的第一步，同時也是親職教育的重要議題，影響一個人一生的成敗，更關係著未來幸福家庭的建立，不可不慎，更不可輕忽。

選擇良好的伴侶是個人一生成敗的動力，也是共建美滿幸福家庭的推手，其重要性約略如下：

1.體驗異性吸引力；2.瞭解對方的方法；3.相互適應與調適；4.瞭解對方家族管道；5.增加生活樂趣；6.促進身心正常發展；7.為結婚伴侶做準備；8.生涯規劃的一部分。

第二節　擇偶方式

古式和今式擇偶的差異：一九六一年以前，台灣社會民風保守，擇偶一定要父母同意才行，因而很多青年男女經由父母之命和媒妁之言，甚至結婚前男女雙方只要雙方父母同意，而青年男女未曾見過面也可結婚，即使見了面也在小區域範圍內短暫的時間認識，因而叫做區域性擇偶或地域性擇偶。

今日擇偶就完全不同了，由於社會觀念開放、交通發達、資訊相當普及，因而擇偶已從由父母做主，轉而由青年男女做主來決定，且是多元開放又方便，主要的擇偶方式如下：

1.自行設計（尋找）；2.親友介紹；3.父母安排；4.同學、同鄉會；5.社團（團體活動）；6.筆友（pen pal）；7.網友（net pal）；8.婚友社（介紹所）；9.其他。

第三節　擇偶進行的重點

一、家庭拜訪注意細節，並向父母述說

青年男女在選擇親密伴侶之前，家庭拜訪是非常重要的，透過家庭拜訪可以深入瞭解對方的家庭氣氛、家庭結構、家庭組合、親子溝通、夫妻相處模式、婚姻價值觀、家庭教育……等。女孩子將來可以在婆婆身上找到自己的影子，男孩子可以在岳父身上瞭解自己的下場，做為自己選擇伴侶的參考，並可提供資訊與父母商討，並要注意約會拜訪時的人身安全。

二、觀察父母、瞭解需求

父母在孩子成長過程中扮演重要的角色，孩子的價值觀、人生觀、角色認同、個性、人格特質……等很多都學習自父母、內化父母的理念。因而在選擇伴侶之前，觀察對方的父母有助於瞭解對方的需求及價值觀，以做為考慮的依據。如果發現對方的價值觀或是理念與自己的價值理念相去甚遠時，就要作慎重的考慮，是否能接受這樣的事實？容忍雙方的差距？如果有所顧忌，就要重新考慮雙方結合的可能性，需求與價值觀差距過大，將來時常會造成很大的摩擦與生活的不便。

三、審視交友、物以類聚

從對方交往的朋友中也可以看出對方的為人，尤其是朋友的評價通常是最客觀與最直接的，因為物以類聚、臭氣相投的道理中，可讓我們從其交往的朋友中，真正看清對方的為人，瞭解一個人的特質與個性。

四、工作態度、知其為人

一個人的工作態度，往往反映出他的為人。在工作上輕浮潦草的人，個性必然草率不積極、沒有責任感、沒有教養、遇事容易退縮畏怯不前、缺乏積極工作態度，如果對工作相當投入、謹慎小心，能完美達成任務的人，將來較有家庭觀念也較有責任感。

五、面對挑戰、知其未來

在面對問題時，以何種態度瞭解個人能力、處事能力與態度，往往顯露出其本性。易衝動個性的人，人格就不穩定，因而，如發現對方在面對問題或挫折時，經常表現負面情緒時，如逃避、胡鬧或不敢面對現實，就要有所警惕，不要讓熱戀沖昏了頭，欺騙自己，等到婚後後悔已遲。

六、彈性性格、通情達理

一個人在處事中，如果發現對方出現「不服輸」的個性或是求好心切、完美主義的特質時，就必須自我警惕；此種類型的人，往往過於固執於己見，心中納不下一個嫌隙、眼睛容不進一顆沙粒，聽不進任何別人的意見，將來難以相處，更難接受別人的建言，也會是一個絕對獨裁者。因此，選一個具備彈性性格的人，才會是一個通情達理、懂得權變的親密愛人，將來凡事會以理性溝通，家庭才能和諧相處。

七、重要考驗、真誠相愛

男女在交往過程中，如果只是一時的好奇、喜歡，或表面上奉承配合，喜歡對方的外貌、身體、異性吸引力；但是否真心相愛，則要等待一段時機，設計一件重要、辛苦、艱難、困苦的情境，考驗對方的真心；如果對方就此逃避、易怒，那可能不是真心的相愛，就要再慎重考慮。

八、生涯旅程同心協力、互助互諒

人生不如意事十之八九，何況家庭夫妻生活是漫長而波折重重，若沒有同甘共苦、榮辱與共、生命共同體的奮鬥理念，沒有互助互諒的情懷，很難共同攜手走完人生的旅程。

第四節　感情的發展

青年男女常說：「有緣千里來相會，無緣相逢不相識」，既要逢又要識才能更進一步交往，就是所謂「緣份」（feeling of affinity），而緣份的來臨，更需男女約會，相知相惜使感情在穩定中慢慢發展，進而走上結婚禮堂，而在感情進展中，有其順序，若不按順序進行，可能這種感情較為脆弱。

一、同質性階段（homogeneity phase）

我愛我所看到的。青年男女彼此看得順眼，相看兩不厭，進而產生好感，而

有來電的感覺，一般青年男女所看到、所喜歡的，大概均會與自己的體態、外貌、理念、學經歷條件較為類似，因而有人稱為夫妻臉。

二、和諧階段（harmony phase）

我覺得我倆在一起很好。男女相處彼此互動談的主題、興趣、價值觀吻合，進而感情發展有談得來而情投意合的感覺，青年男女在一起會感覺快樂、和善，而兩人均很在意要把握這段感情的發展。

三、承諾階段（promise-giving phase）

我是你心中的第一人嗎？在此階段不論男女雙方均有自私感，想把對方占為己有的想法，因而想盡辦法期望對方承諾我是你心目中的第一人，經過二人互許承諾，感情才能穩定發展，若是過於強求，有時還有分手的可能。

四、日漸密切階段（gradual intimacy phase）

經過感情的相許與承諾，青年男女彼此的忠誠、樂意為對方服務來穩固雙方感情，此時感情的發展趨向日漸密切階段，有時二人可能同時穿上情侶裝，顯示甜蜜的感覺。

五、成熟階段（maturity phase）

互信互守，但仍有觀念、價值觀、角色磨合、個性調適、人格互信的問題，若彼此差異太大無法相容，仍有分手的可能。男女感情經過密切階段，此時若男女雙方人生理念、價值觀、生涯發展彼此認同，就可能再進一步發展為感情成熟穩固階段，青年男女在此時，已達互信互守、彼此相愛、相知相惜，而互訂終身的求婚階段。

第五節　現代與過去的擇偶

擇偶一事因為十分的重要，所以過去由成婚者的父母或長輩依人生的經驗、家族價值觀、民俗等來做決定，而要結婚的男女主角因為年紀較輕、涉世未深，反成為擇偶過程中的配角；男女雙方自認命運、相信情債，因而兩人相依到老，隨著歲月，感情更深，左右鄰居比比皆是，也就形成一種文化，夫妻雖也時常爭吵，但幾乎很少有人離婚。

現代化的社會則強調「自由戀愛」、「年輕人做主」，每一個人的活動空間擴大了，資訊發達，選擇機會增多了，青年男女自主性高，如何擇偶的主要責任落到要結婚的當事人身上了；但因缺乏經驗法則，青年男女自主性意識提高，有時被性愛衝昏了頭，社會的開放往往易於成婚，長輩的忠言其份量變輕，又因風俗文化的改變，易於造成離婚現象。

第六節　約會

約會（to date）是目前青年男女認識的第一步，也是青年男女擇偶交往的必經階段，更是兩性相處的必修學分，成功的約會為男女雙方印象加分，失敗的約會則為感情發展減分，因而妥善規劃成功的約會，做好約會前的準備工作及計畫、理性的進行約會是相當重要的。

Garrett（1982）分析約會與婚姻關係、家庭制度、階級結構、文化規範和經濟水平等因素有直接相關，可見約會具有無法替代的重要性。

一、約會的動機

青年朋友對約會的期盼是既期待又怕受傷害，約會也因個人人格特質的不同

而有不同的約會動機。美國學者維南（R. Vreeland, 1974, 引自彭駕騂，1994）研究兩百名念哈佛大學的學生，分析其約會動機，如表 1-1 所示

▽表 1-1　美國大學男生約會主要動機分析表

主要動機	一年級男生	四年級男生
尋找異性朋友	49%	34%
休閒消遣	26%	29%
可親芳澤	10%	21%
找一知音	9%	12%
找一個未來的妻子	5%	6%
提升我的名氣	1%	0%
合計	100%	102%

資料來源：彭駕騂（1994：99）。

由上述資料分析，可知青年朋友約會大半為了尋找異性朋友與休閒消遣，因而社會、家庭教育宜將此導向健康、正向、公開方式的約會活動。

二、約會的功能

(一) 社會化的功能

透過約會的進行，可能使青年男女雙方對自己與對方扮演更為得體的角色，可增加自我概念與社會化。

(二) 休閒的功能

約會提供男女雙方心靈、精神甚至於生理上的滿足，往往約會後會使年輕人感覺身心舒暢，生活有活力，因而對青年男女甚為重要。

(三) 擇偶的功能

透過約會認識異性朋友，進而發展為更深一層的認識，而成為結婚的對象。

(四) 提升社會地位的功能

透過約會顯示其已成年，而有成年人的生活方式，更可向親友顯示其在團體

中應受更為尊重的地位，

(五) 增進對異性的認識

約會可滿足青年男女對異性的好奇心理，藉著約會與異性朋友互動，慢慢增進與異性相處和瞭解。

(六) 促進個人成長與成熟

男女雙方在約會時均會展現其最美好的一面，為了吸引對方更為留下良好印象，為發展出一種良好的社會形象，無形中使個人成長，並使個人更為成熟與美好。

(七) 穩定情緒的功能

約會可滿足男女雙方對異性朋友的好奇，並可使青年男女獲得生理上荷爾蒙的調適與心靈的慰藉，促進其情緒的穩定與人格的健全發展。

三、約會的相關議題

(一) 邀約

青年男女在開口邀約時，擔心對方回絕的恐懼與不安，以及深怕失去顏面，往往阻礙了開口的勇氣，因而錯失了很多良機；其實機會是人製造出來的，機會永遠是給有恆心、有勇氣、有誠心的人。

(二) 只在乎外表，其實善心更重要

青年男女約會容易被對方外表所吸引，具備外表吸引力的人，在約會過程中居於優勢，但容易讓對方因外表而沉迷。其實擇偶在意的是一個人是否有更多的優勢，如修養、內在美、美德，或其他特殊的專業知能及通情達理的特質，更重要的要有一顆善良的心。

(三) 約會強暴（dating rape）

青年男女血氣方剛，尤其是異性的吸引力與好奇，時下很多青年男女秉持享

樂主義不負責任，並喊出「只要我喜歡有什麼不可以」、「只要曾經擁有，不必天長地久」，因而使道德價值觀遭受扭曲，女生也常常成為約會強暴的受害者。因而青年男女朋友在約會前，要先對對方的身分、意圖、動機、約會的用意、約會的環境進行瞭解並知會家人，更有心理上的準備，以免二者均受害。

第七節　分手的藝術

一、分手——好聚好散（peaceful break-up）

今日社會互動機會多，交通方便資訊發達，要認識一位異性朋友只要有恆心、誠心、耐心並不難。但「相識容易，分手難」，因為要分手的時刻男女雙方早已投入感情，並把對方當成男女朋友，甚至當成結婚的對象；因為感情施放已有一段時間，彼此均有想占有對方的念頭，感情施放容易，但夢醒時要忘掉或淡化是很難的。因而教育年輕人想要擇偶、想要相戀，就要有分手的心理準備，好來好去，不可造成雙輸。男女相處、兒女私情會沖昏了頭，易暈眩感、失去理智、判斷，到頭來有一天發現，不分手是人生的一大威脅、遺憾時，對方就因愛得愈深傷害也愈大，甚至玉石俱焚。因而在開始認識時，彼此要相互提醒，有認識的一天，可能會有分手的時候，彼此要好聚好散，看得開看得遠，才不致造成終生的遺憾。

二、審慎交往，技術性的分手

二〇〇六年四月十四日，發生在台北市驚天動地的明星高中生情殺事件，當事人二位均是北市一流的高中生，男生在書包內預藏汽油、菜刀、水果刀、電線、鐵鎚，相約到公園談判分手事誼，因女友要求分手而談判破裂，女生就遭勒頸、鐵鎚敲擊頭部，再被猛砍五刀最後不支倒地，男生則逃往基隆十八王公廟自悔，最後在母親勸說下出面自首，而被關進看守所。如此因男女分手造成多輸，而無法彌補的情景時有所聞。

整個事件造成男女高中生身心重創，兩人斷送美好的大好前程，兩家家族的心痛、朋友的難過、教育工作者的感嘆、整個社會的驚嘆，世界上沒有一個人因而受益，這就是不知分手的技術，由愛生恨的代價。

檢討其原因：1.男女生在高中時期階段性任務偏離；2.高中時期男女生年紀太輕、心智、理性、情緒未成熟，缺乏追求異性能力；3.男女交往前未充分瞭解對方背景、人格特質，感情發展沒有循序漸進，雙方沒有分手的心理準備；4.青年男女感情發展要與師長、父母討論，或請教專家；5.不與易怒、酗酒、吸毒、兩性關係複雜的人交往；6.避免與異性朋友有太親密行為或太早發生性行為；7.分手前後應審慎處理感情問題，避免激怒對方，必要時請求父母或專家協助；8.分手後避免藕斷絲連，務必將前一段感情處理好，再考慮接受新的戀情，避免劈腿引起對方情傷激怒。

綜上而論，男女交往務必審慎理智循序漸進，並向父母或專家商討，避免一見鍾情或乾柴烈火式的愛情，尤其分手才是最難處理的課題，對方已經情傷萬千不可激怒，更不傷害他人自尊，否則後果難以收拾，會後悔一生，必要時請師長、父母或專家協助，在和平、理性、能接受的氣氛下分手。

第八節　擇偶的限制與條件

理性、客觀、穩當性的擇偶，有其一定的程序與判斷標準，其婚配後而能成功的機率也較大，因而美國學者Murstein（1986）列舉了十五項有關擇偶的變項，說明了擇偶的條件及結構限制：1.相似性；2.年齡；3.教育程度；4.出生次序；5.種族；6.聰明才智；7.人格特質；8.外表的吸引力；9.感情紀錄；10.近水樓台；11.性；12.社會經濟階層；13.價值觀；14.宗教；15.身高體重胖瘦。目前一般人講求所謂的自由戀愛，其實是在這些條件的重要考慮中「有限制」的戀愛，若是非理性、感性的愛，將來失敗的可能性很大。

男女在擇偶時，除非親友再繼續介紹，否則均會就所認識的異性朋友中做抉擇或嘗試再約會，但因個人的先天個性及本身條件的差異，也就形成有人異性朋友很多，但也有人身邊沒有異性朋友，美國學者Orthner（1981）以「候選人儲存槽（candidate store）」的觀念來說明擇偶的歷程，如圖1-1所示，在可能人選中可不停的加入或撤出，擇偶其實是一路篩選過濾的歷程，透過約會歷程理性的抉擇，選擇最後人生的伴侶。

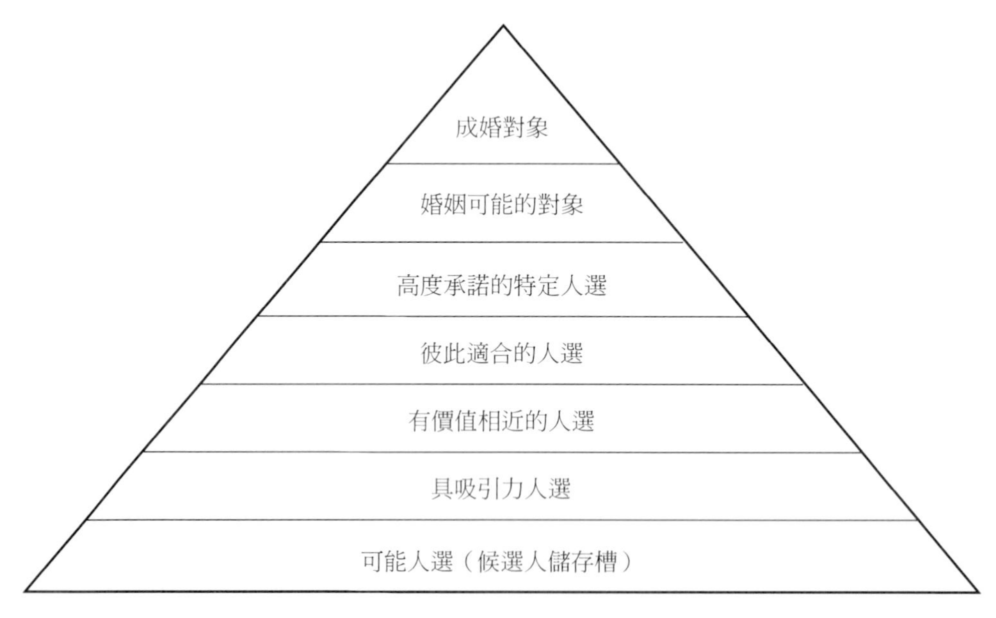

△圖1-1　擇偶的發展過程

資料來源：彭懷真（2003：37）。

格言集

擇偶格言：

女孩子可以在婆婆身上找到自己的影子，

男孩子可以在岳父身上瞭解自己的下場！

治家格言：

任何事業的成功無法彌補家庭的失敗，

沒有再版的人生，應掌握有限的今生！

問題與討論

1. 青年男女約會有哪些功能與重要性？赴約應注意哪些要項？
2. 目前台灣社會各行各業十分競爭，有的行業工作壓力很大，工作與生活的空間侷限於有限的空間，下班時已是筋疲力盡，這樣的日子，日復一日刻板生活，什麼才是這種生活類型的人最佳的擇偶方式？
3. 您是否曾想過您的擇偶候選人儲存槽？您將如何擴大它？又如何去做篩選？
4. 擇偶的目的在婚配，您的擇偶限制與條件如何？

第二章
婚姻的基本概念

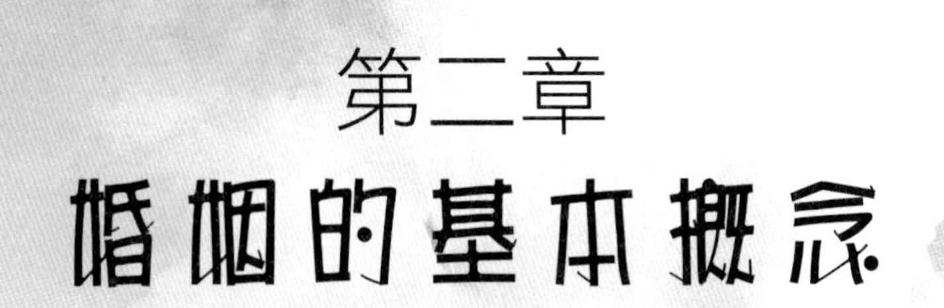

第一節　婚姻的定義

二〇〇五年九月發生陸軍〇〇連〇連長事件，因軍中演練而將〇連長活活壓死，而稍早〇連長已與某小姐相戀十一年，並於日前完成家族性傳統結婚儀式，但尚未完成戶口登記手續，引發〇連長婚姻效力問題，更引發新台幣一千多萬元的撫恤金請領問題，因而何謂「有效的婚姻」，不得不慎重，更應對法律上何謂「有效的婚姻」（effective marriage），作深入的瞭解。

從法律的觀點，結婚係一男一女以終生共同生活為目的，而為合法的結合關係。在我國法律規定凡已達結婚年齡之男女，《民法》第九百八十條規定是「男須滿十八歲，女須滿十六歲」。依第九百八十一條規定：「未成年人結婚，應得法定代理人之同意」。林菊枝（1976）進一步分析：結婚成立之要件可分為實質要件與形式要件兩種，實質要件規定當事人有結婚之意願，且尚未與他人結婚並已達法定結婚之年齡，非被脅迫詐欺而結婚等，均屬於有效婚姻之實質要件；形式要件規定須在公開儀式且有二人以上之證人，而且結婚必須由本人親自為之，不能由他人代理。

從社會學的角度，婚姻是指一種制度或社會規範結叢（social norm complex），此制度或結叢承認一對男女的關係，並且將他們約束於相互的義務與權利體系之中，使家庭生活得以運作（彭懷真，2003）。Stephens（1963）指出，婚姻是一種社會對性關係的合法化，由一個正式公開化活動開始，男女準備長久在一起，雙方對權利義務也深入瞭解。

總而言之，婚姻（marriage）是一種社會所公認的制度，男女雙方心滿意合結為連理，家族成員親朋好友也滿心祝福，因而婚前要冷靜、理智、選擇所愛，婚後男女雙方要愛其所選，用心經營家庭，才不致讓人失望嘆息。中外的年輕人均一致認為，婚姻是一生中很重要或最重要的一件事。美國人口統計局在一九八五年間針對青年人所作的統計，婚姻重要性看法如表 2-1 所示。

▽表 2-1　美國大學生與社會青年對婚姻重要性的看法

重要的程度	大學生的看法	社會青年的看法
是我生命中最重要的	11%	11%
是我生命中最重要的一件事	43%	35%
是我生命中很重要的一件事	31%	33%
並不太重要	16%	21%

資料來源：彭駕騂（1994：140）；Davidson 與 Moore（1992）。

第二節　婚姻的功能

婚姻是青年男女雙方的結合，也是雙方家族的相互融合，更是雙方家族期待這新組合帶來家族的樂趣、滿意和希望，因而婚姻有下列功能：

一、滿足夫妻雙方性需求的功能

經由婚姻關係使青年男女性關係合法化、合理化及正常化。

二、滿足夫妻雙方心理需求的功能

青年男女藉由夫妻關係相互關心，形成生命共同體，彼此互相鼓勵、激勵和安慰。

三、經濟扶持的功能

青年男女形成夫妻關係，心靈、身體融為一體，當然在經濟上也互為一體，相互扶持。

四、社會地位的功能

在台灣社會青年男女若已成年而尚未成婚，仍被外人視為父母的附庸，還算

是小孩尚未完全自立；因而經由結婚成家，家族親友即視青年為一新的獨立個體，自立自主的集合體，也是社會階層提升的象徵。

五、繁衍後代的功能

青年男女長大後，男大當娶女大當嫁，其用意即在經由合法成婚手續，而繁衍後代傳宗接代，期盼小生命的來臨讓家族綿延不絕，枝興葉茂。

六、健全心智功能

夫妻雙方婚後均會相互激勵，自我期許、自我約束，翼求良好表現而不負家族期望，因而夫妻兩人均會心智快速成長穩重大方，男的會有男人氣概，女的會相夫教子，視家庭為事業，顯現合作互勉、互勵的成長喜悅。

七、享受天倫功能

青年男女經由結婚生子，培育子女組成家庭，有兒有女共同休閒、共同生活，享受天倫樂趣。

第三節　婚與不婚

西方文化入侵社會快速變遷，價值觀轉變自由主義興起，多元文化影響，傳統男大當娶女大當嫁，傳宗接代養兒防老觀念已受動搖，並且「單身貴族風」、「頂客風」流行，繼之以資訊工業社會取代過去農業社會，每一個人每天過著忙碌緊張的生活，往往每天限制在上班地點，工作又超時，所以回到家時已是筋疲力竭、身心俱疲，真的是「在外一條龍、在家一條蟲」，根本沒有心力再想與異性相伴，錯失很多結交異性良機，適婚歲月一天天流失，最終成為曠男怨女，只好自我安慰高唱單身貴族。

一、結婚的理由（reasons for marriage）

(一) 奉父母之命

家族的關心、父母的叮嚀、著急，及傳統傳宗接代的中華文化影響。

(二) 性的需求

青年男女到了身心成熟階段，性的需求與滿足是生理需求重要的一部分。

(三) 心靈需求與滿足

有了男女朋友關心，身心得到慰藉，情緒獲得穩定，心靈得到安慰與滿足。

(四) 爲眞愛而結婚

青年男女真誠相愛，為愛而結婚，愛其所愛，二人就必須長相廝守，因愛的結合而有了愛的結晶，家庭會更為甜蜜與溫馨。

(五) 免除社會壓力

以社會學觀點而言，在任何一個社會均會有該社會所認同的行為與公共價值，因而青年男女年過二十五歲，均會有親友問東問西，圍繞在男友、女友、結婚的議題上，因而為免除社會一般人異樣眼光而結婚。

(六) 家庭壓力

青年男女到了適婚年齡而未婚，長輩、父母，均把「它」當作一件大事，尤其是父母，更是時時把這件事放在心上，甚至父母把「它」當成是其父母該完成而未完成的責任。

(七) 想要小孩

青年男女身心成熟後事業有成，和別人相比，身邊總是比別人少了一些，那就是小孩，更何況兩人相愛更期待有小孩，可以享受天倫之樂。

(八) 事業、產業的延續

青年男女事業有成，或祖先留下龐大的產業和事業，渴望薪火相傳、事業產業才得以延續。

(九) 生育能力的壓力

普通人類的生理週期，生老病死均有其一定的極限，一般人在十四歲即具有生兒育女的功能，但女性超過四十歲，其生育功能即告衰退，因而怕錯過生育年齡而結婚。

(十) 報復或同情心

若是所愛的人已經論及婚嫁，但遭到父母極力反對，僵持不下時，最後只好任意以報復心態隨便與人結婚。

(十一) 好對象共創理想生活

若青年男女所認識的另一半是條件好、人品佳、又肯上進，願意二人攜手共創美滿家園，為理想而結婚。

(十二) 其他：如宗教信仰、救命恩人……等。

Knox（1975）提出六點結婚的理由：1. 因為懷孕；2. 因為報復；3. 因為反抗或逃避原生家庭；4. 因為同情；5. 因為社會壓力；6. 因為對方有吸引力。

中西方對結婚理由均大同小異，但文化、社會制度、環境不同，而有不同的社會壓力與需求，但隨著地球村的形成，世人對婚姻的觀念也漸漸相近了；但不論中西方或任何人種，均一致認為婚姻是一個人一生中很重要的一件事，是無庸置疑的，如表 2-2 可以很明顯看出來。

二、不婚的理由（reasons for avoidance from marriage）

西方文化入侵，傳統價值觀念面臨挑戰，多元文化興起，個人主義、自由主義盛行，「不孝有三無後為大」的理念遭受衝擊，繼之因事業忙碌，教育程度普

▽表 2-2　**青年男女想要結婚的理由表**

重要性排序	理由原因
A	傳宗接代
A	感情投入深
A	性的需求 、性的衝動
A	心靈需求
B	經濟相互扶持
B	有老伴、 生兒防老
B	享受天倫樂趣
B	社會地位 、 他人會歧視
B	奉父母之命、 家庭壓力
B	家族事業延續
B	生育年齡壓力
C	報復或同情
C	宗教、政治

資料來源：作者自行整理。

遍提高又逢經濟低迷，消費型態多元家庭生活開銷大，使得男女在擇偶、結婚方面更為慎重，因而很多青年人錯過適婚期而選擇單身貴族。

不想結婚的理由，如下：

(一) 個人主義不受束縛

不結婚不必受家庭的枷鎖，更不必受另一半的牽絆，是崇尚自由的享樂主義者。

(二) 社會觀念的轉變

社會多元化後，價值觀念也隨之轉變，不婚在現今社會普遍存在且有習以為常的現象，並號稱為單身貴族或頂客族。

(三) 性的開放

傳統農業社會對男女性關係，視為嚴重與貞操名節的代名詞，性關係只能發

生於結婚的對象，而今社會開放，青年男女對性視為普通商品或情緒生理發洩的工具，性的開放帶來青年男女對性極易取得，也易於滿足，因而不必等待婚姻。

(四) 教育程度提升、眼光高

台灣現今社會大學生彼彼皆是，碩士、博士也相當普及，因為教育的關係，結婚年齡延後，心智更加理性、成熟，眼光也高，彼此相互挑剔，因而找不到完美的對象，而不想結婚。

(五) 父母、前人的婚姻失敗經驗

家中若是父母或長輩有失敗的婚姻，會引起子女對婚姻的恐懼，害怕婚後重蹈覆徹與不幸福，而不敢結婚。

(六) 經濟壓力

台灣社會由農村社會、工商社會轉型為資訊社會，每戶家庭平均開銷日漸增多，社會上消費型態轉變，引誘消費的資訊增多消費額度也日漸增大；每戶家庭若不知節制消費，極易走上窮途末路，因而很多結婚夫妻為躲負債而雙雙攜子自殺，造成年輕人恐怖害怕經驗。

(七) 對性沒信心或興趣

少數青年男女由於現今社會壓力大，生活緊張、忙碌而引起性慾缺缺，或對性產生冷感症，甚至對性沒有信心而不結婚。

(八) 其他：如找不到眞愛、宗教、沒有責任感……等。

美國學者Stein在一九七六年針對美國中產階級青年，在二十五歲至四十五歲已婚或未婚男女中，調查研究男女結婚與不結婚的理由，統計如下表 2-3 所示。

▽表 2-3　美國中產階級男女結婚或不結婚的理由表

贊成結婚的理由	不贊同結婚的理由
1.父母美滿婚姻的鼓舞	1.業尚未成，何以家為
2.可擁有自己的家與子女	2.對目前生活非常滿意
3.受同儕大多結婚的影響	3.對性沒有興趣
4.對婚姻羅曼蒂克的憧憬	4.不願受人約束
5.生理的吸引力	5.不喜歡增加經濟的負擔
6.性的需求	6.不知道如何選擇結婚對象
7.社會特殊地位的期許	7.很多好朋友也沒結婚
8.更好的職務與升遷機會	8.一旦結婚，將失去許多朋友
9.社會關係的擴大	9.父母失敗婚姻的影響
10.反抗父母的壓力	10.哥哥姐姐都還未結婚
11.擺脫家庭的陰影	11.看到太多不幸福的婚姻
12.寂寞與孤獨的恐懼	12.正在同居，試婚情況中
13.無法忍受長久獨居的滋味	13.對異性的恐懼感
14.避免人家的歧視與責怪	14.自己覺得是一個性冷感的人
15.可表現完全的獨立與自主	15.有同性的密友
16.不結婚，又能怎樣	16.再沒有自我了

資料來源：彭駕騂（1994：147）。

第四節　婚約的協議與共識

婚約（a marriage contract）是指青年男女在結婚前、熱戀中，男女雙方在理性、理智、平和的氣氛中，共同討論共同承諾婚後共同的生活準則，藉以更深一層相互瞭解，相互約定的規約，增進未來婚姻的穩定性與幸福感。

一、開放式的婚姻信條

1. 每個人都負起所負的責任，並瞭解雙方所負的責任。
2. 生活中相互分享。
3. 雙方都可能改變：可能漸進溫和，也可能激進衝突。
4. 承認並接受雙方需求、能力、價值，期望的不同與相異點。

5. 不要求對方符合自己所有的期望、夢想。
6. 以美滿的婚姻為共同目標，而不是名利、身分與社會地位。
7. 相互接納、尊重、傾聽與兩情相悅。
8. 不可能事事如意，但懂得事事協商。
9. 不用孩子證明彼此相愛的事實。
10. 願意負起教養孩子的責任。
11. 無法掌握生命的長度，但可控制生命的寬度（林進材，1995）。
12. 其他：符合雙方的意願及社會的變化脈動，而有所調整。

二、封閉式的婚約信條

1. 占有對方（夫妻彼此相互束縛、相互約束；你占有我，是單向的）。
2. 否定自己（犧牲自己、成就對方）。
3. 你儂我儂（隨時隨地形影不離、出雙入對）。
4. 刻板角色（男尊女卑、男主外、女主內，男有份、女有歸的不變真理）。
5. 完全忠實（生理上、心理上、非自由選擇的）。
6. 完全排外（容不下他人，斷絕任何朋友）。
7. 奴隸心態（願意為對方做任何事、不惜任何代價或犧牲）。
8. 權利要求（因婚姻而擁有各種權利，要求對方付出配合，成就自己與自己價值觀一致）。
9. 依賴被動（凡事依賴對方，以對方情感為重）。
10. 保持現狀（信守保持現狀，過一成不變的生活）。
11. 其他：只想擁有、占有，較為自私純情的信念。

三、新式的婚姻合約

(一) 理想性原則

1. 相互獨立、兩性平等（夫妻為獨立個體、有適度自主權）。

2. 不斷成長、終身學習（常自我充實、提升生活品質）。
3. 自由自律、海闊天空（有自由空間、自律精神）。
4. 彈性角色、安貧樂道（盡本分、守婚道）。
5. 互信互賴、忠誠以對（疑人不娶、嫁人不疑）。
6. 坦誠開放、與時俱進（相互坦誠、與時俱進）。
7. 夫妻互補（相忍相扶、共赴願景）。
8. 終生互愛、關心對方（為愛付出、關心對方）。
9. 接納缺點、尊重優點（接納缺點、尊重優點）。
10. 發展共識、通情達理（誠意溝通、通情達理）。

(二) 具體性細則

1. 子女姓氏：雙方共同約定。
2. 理財方式：計畫性的經濟生活方式。
3. 家事責任：家事共同分擔信守承諾。
4. 子女教育：教育大計，不可輕忽。
5. 家族互動：家族互動，增進情誼。
6. 性愛安排：性愛互動，增進感情，妥善安排、享受夫妻生活樂趣。

婚約是結婚前熱戀中，男女雙方共同討論婚後的生活準則，但一般婚姻壽命（the age of marriage）約為五十年，且在資訊社會中因國際文化交流迅速而自然多變，在男女結婚路上有時家務平安、一帆風順，有時風雨難料、困境重重，因而婚約經雙方或家庭同意後可隨著時勢變化歲月更迭，可因時制宜而修訂。

第五節　完美的婚姻

完美的婚姻（perfect marriage）是指男女兩人若能儘量門當戶對、兩情相悅、

互尊互重、互信互諒、榮辱與共，有生命共同體的概念，夫妻彼此事業各自努力，家事或子女教育夫妻分工（部分無法取代），完成家庭階段性任務，有計畫有希望的合組共創幸福美滿家庭；一般而言，婚姻成功的可能性指標因素及重要性分析如表 2-4 所示。

根據表 2-4 顯示，完美的婚姻或成功的婚姻，依邏輯理論的觀點可推測而得，尤其在預測婚姻成功指標因素的重要性方面，A 的比例愈多愈好，表示夫妻兩人各方面相似特質愈高，有了良好的婚姻成功指標基礎，也需夫妻兩人有心持續共同經營，婚姻自然幸福美滿。

一、新時代的男人：新好男人形象

由於社會進步文化多元，女性意識抬頭，使得兩性關係必須重新調整與修正，男人必須摒除傳統男尊女卑，男主外、女主內，男剛強勇敢、女溫柔婉約的保守觀念，澈底的脫胎換骨重新定位，重新釐清男女雙方在家庭中互相承擔的職責，以適應男女兩性和平共存的新紀元。因而，新好男人不僅是社會對男性的期許，女性對男性的認定與衡量標準，更是男性對家庭負責的態度，新好男人必須具備內外皆美、重視家庭、終身學習與工作積極等特質。

(一) 內外皆美

整齊端莊、自然親切的外表，善解人意、穩重自信，溫文儒雅的內在涵養。

(二) 重視家庭成敗

將家庭視為事業工作上強而有力的精神支柱，分擔家事是男人最幸福的事，以家庭成敗為己任。

(三) 工作積極

積極樂觀認真盡職，完成任職單位的交付任務，表現優異。

▽表 2-4　**婚姻成功的指標性因素**

重要性	促成婚姻幸福的因素
A	1.父母的婚姻情況：幸福
A	2.婚前性經驗：沒有或僅限於成婚對象
A	3.無不良嗜好
A	4.價值觀、理念相近
B	5.熟識：彼此熟識深交六個月以上
B	6.結婚年齡：男性超過二十二歲，女性超過二十歲
B	7.年齡差異：男方比女方為大或相近
B	8.正確家庭觀念
B	9.有正常工作
B	10.教育水準程度：專科以上
B	11.岳父母的態度：支持
C	12.與父親的衝突：完全沒有或絕少
C	13.與母親的衝突：完全沒有或絕少
C	14.人際關係良好
C	15.關心別人有愛心
C	16.政黨或政治理念
D	17.適應力：一般適應情況良好
D	18.與父親關係：親近
D	19.與母親關係：親近
D	20.父母的管教：不太嚴苛
D	21.認識時間：九個月以上
D	22.異性深度交往經驗：很少
D	23.童年經驗：愉快或非常愉快
D	24.父母的婚姻情況：幸福
D	25.心理狀態：平衡
D	26.職業：專門性職業
D	27.儲蓄：有一些存款
D	28.性知識：正確
D	29.性教育的來源：父母

資料來源：彭懷真（2003：64）。

(四) 重視感情

在家不談公事，保留精力回家，不可將另一半視為傾倒心裡垃圾的對象或是遷怒的對象，增加夫妻親密關係，忠誠以對。

(五) 情緒穩定重視親職

新好男人重視修持，重視身教、言教及子女的生活教育。

(六) 培養共同興趣、發展共同目標

新好男人企圖培養夫妻共同興趣，重視家庭生活與目標。

(七) 相互提攜，鼓勵成長

新好男人能相互扶持並鼓勵夫妻共同成長與進修。

(八) 重視夫道

新好男人重視夫妻之道，有夫夫、父父、子子理念。

(九) 分擔家事

新好男人家事不可推諉或卸責，並重視家庭氣氛的培養。

(十) 家庭支柱（重心）

新好男人是家中穩固的基石，家中的重心以家庭成敗為己任。

(十一) 愛護家人

新好男人，時時留意家人生活並重視家人安全。

(十二) 通情達理

新好男人要培養家人通情達理的氣氛，一切以理服人，家人相處不可意氣用事，或情緒無止境的宣洩。

二、新時代的女人：新好女人形象

(一) 內外皆美

培養女人特質，秀外慧中、自然親切、善解人意，溫文儒雅內在美，並有愛心、耐心、用心呵護家中成員。

(二) 重視家庭

新好女人將家庭經營視為事業，重視子女健康、生活教育、家庭布置，培養家庭氣氛，期望家庭成為家人溫暖的避風港。

(三) 有涵養而不嘮叨、不狹隘

培養優質女人氣質，不嘮叨、不狹隘、事理分明、有愛心、不意氣用事或情緒性不理性的鬧事。

(四) 重視感情

新好女人不可將另一半視為傾倒心裡垃圾的對象或是遷怒的對象，增加夫妻親密關係，凡事以夫妻、子女感情為重。

(五) 隨時關注家人，以家爲重

新好女人將家庭視為事業，因而用心經營家庭，以家為重。

(六) 重視親職教育

新好女人，和丈夫擬定家庭階段性任務，重視子女的親職教育。

(七) 培養共同興趣、發展共同願景

新好女人，會留意家人專長，重視共同休閒時間與運動，培養家人共同興趣。

(八) 以愛化礙，促進和睦

新好女人會用心善解人意，用愛化解夫妻間、親子間障礙，培養家人良好相

處氣氛。

(九) 安貧樂道

新好女人，重視精神生活的滿足，安貧樂道，重視子女生活教育。

(十) 通情達理

新好女人通情達理，發揚母愛慈暉精神。

(十一) 家庭資源管理

新好女人視家庭事業為終生最重要的事業，因而有關家中經濟、有形、無形資源，休閒時間安排，均在掌握中。

(十二) 重視夫家關係（家族）

新好女人，重視家族人際關係的互動，尤其夫妻雙方家族的往來。

三、永續的婚姻（everlasting marriage）

台灣目前男生初婚的平均年齡，由一九七一年的 28.8 歲，提升到二○○四年的 33.0 歲，女生初婚平均年齡，也由 22.8 歲提升到 28.0 歲，由表 2-5 中也可發現，不論男女初婚平均年齡均有延後趨勢。

為了讓子女在健康的父母愛護下成長，兒女身心才能健全發展，永續的婚姻原則如下：

（一）婚姻靠經營，相處在理性溝通

青年男女以理性健康思緒尋找親密愛人，因而愛要有所歸以愛為基礎，兩人建立共識持之以恆，如家事、相處、目標、子女教育理念。

（二）勿將對方付出視爲理所當然

青年男女婚後失去新鮮感，易將對方付出視為理所當然，不知相互尊重、互相稱許讚美對方，無形中讓婚姻蒙上平淡陰影。

▽表 2-5　台閩地區歷年結婚年齡中位數與平均數
（按發生日期統計）

單位：歲

年別	年齡中位數						年齡平均數					
	新郎	新娘	初婚		再婚		新郎	新娘	初婚		再婚	
			新郎	新娘	新郎	新娘			新郎	新娘	新郎	新娘
民國六　十年（1971）	27.0	22.2	26.8	22.0	42.9	34.8	28.8	22.8	28.2	22.1	42.7	35.9
民國六十一年（1972）	26.7	22.3	26.5	22.1	42.4	34.8	28.3	22.9	27.8	22.3	42.5	36.0
民國六十二年（1973）	26.4	22.4	26.3	22.2	42.0	35.1	27.7	22.9	27.2	22.4	42.3	36.3
民國六十三年（1974）	26.0	22.3	25.8	22.2	39.4	33.7	27.1	22.8	26.7	22.3	40.9	35.2
民國六十四年（1975）	25.8	22.3	25.6	22.2	39.7	32.3	27.1	22.8	26.6	22.4	41.6	34.1
民國六十五年（1976）	27.0	23.2	26.9	23.0	39.3	32.5	27.9	23.8	27.5	23.3	40.7	34.5
民國六十六年（1977）	27.0	23.4	26.9	23.3	38.5	32.9	27.9	24.0	27.4	23.6	41.0	35.0
民國六十七年（1978）	27.1	23.5	26.9	23.4	37.9	32.3	27.9	24.1	27.4	23.7	40.5	34.7
民國六十八年（1979）	27.1	23.7	27.0	23.5	37.3	32.0	28.0	24.3	27.4	23.8	40.0	34.5
民國六十九年（1980）	27.2	23.7	27.1	23.5	36.1	31.6	27.9	24.3	27.5	23.9	29.2	34.0
民國七　十年（1981）	27.3	23.8	27.1	23.6	36.3	31.7	28.1	24.5	27.6	24.0	39.4	33.9
民國七十一年（1982）	27.4	23.9	27.2	23.7	36.1	31.8	28.4	24.7	27.8	24.2	39.4	34.0
民國七十二年（1983）	27.6	24.3	27.4	24.0	35.8	32.2	28.8	25.1	28.2	24.6	39.3	34.2
民國七十三年（1984）	27.7	24.5	27.5	24.2	35.9	32.0	28.9	25.4	28.3	24.8	39.3	34.1
民國七十四年（1985）	27.9	24.7	27.6	24.4	36.2	32.3	29.0	25.5	28.4	24.9	39.4	34.4
民國七十五年（1986）	28.1	25.0	27.8	24.6	36.7	32.6	29.4	25.8	28.7	25.2	39.7	34.5
民國七十六年（1987）	28.2	25.4	28.0	25.0	36.7	32.5	29.5	26.1	28.8	25.4	39.4	34.3
民國七十七年（1988）	28.3	25.5	28.0	25.2	36.8	32.6	29.5	26.1	28.8	25.5	39.2	34.1
民國七十八年（1989）	28.4	25.7	28.1	25.4	36.8	32.8	29.5	26.3	28.8	25.6	39.2	34.3
民國七十九年（1990）	28.6	26.0	28.2	25.6	37.2	33.2	29.8	26.5	29.0	25.8	39.3	34.5

▽表 2-5　台閩地區歷年結婚年齡中位數與平均數（續）

（按發生日期統計）

單位：歲

年別	年齡中位數						年齡平均數					
	新郎	新娘	初婚		再婚		新郎	新娘	初婚		再婚	
			新郎	新娘	新郎	新娘			新郎	新娘	新郎	新娘
民國八　十年（1991）	28.7	26.1	28.4	25.7	37.6	33.4	29.9	26.7	29.1	26.0	39.6	34.8
民國八十一年（1992）	28.8	26.1	28.4	25.7	37.9	33.6	29.9	26.7	29.1	26.0	39.9	34.9
民國八十二年（1993）	29.1	26.5	28.7	26.1	38.6	33.8	30.6	27.8	29.6	27.1	40.9	35.1
民國八十三年（1994）	29.3	26.7	28.9	26.3	38.9	33.9	30.8	28.2	29.8	27.6	41.2	35.1
民國八十四年（1995）	29.6	27.0	29.1	26.6	39.5	34.3	31.2	28.8	30.1	28.2	41.6	35.8
民國八十五年（1996）	29.8	27.1	29.3	26.7	39.7	34.5	31.3	28.8	30.2	28.1	42.0	35.7
民國八十六年（1997）	30.1	27.1	29.5	26.7	40.4	34.8	31.7	28.7	30.4	28.1	42.5	36.0
民國八十七年（1998）	29.5	26.2	28.8	25.7	40.0	34.1	31.4	26.9	29.8	26.0	42.8	35.3
民國八十八年（1999）	29.7	26.2	29.0	25.8	40.6	34.3	31.7	27.0	30.0	26.1	43.1	35.6
民國八十九年（2000）	30.1	26.2	29.2	25.7	40.6	34.2	32.1	27.0	30.3	26.1	42.8	35.5
民國九　十年（2001）	30.7	26.4	29.5	25.9	41.4	34.8	32.9	27.4	30.8	26.4	43.5	36.0
民國九十一年（2002）	31.1	26.9	29.7	26.3	42.3	35.0	33.4	27.9	31.0	26.8	44.3	36.3
民國九十二年（2003）	31.3	27.3	29.8	26.7	42.7	35.4	33.8	28.4	31.2	27.2	44.4	36.5
民國九十三年（2004）	31.0	27.2	29.7	26.6	41.7	34.9	33.0	28.0	30.7	26.9	43.3	36.4

說明：民國六十二年（1973）以前資料不包含金門縣及連江縣。

資料來源：內政部戶政司（2005a）。

（三）雙方擁有自主空間

結婚是青年男女為愛而結合，珍惜對方，尊重對方自主權，互信互諒，而非擁有就是占有。

（四）崇信開關哲學

夫妻懂得在適當的場合扮演恰如其分的角色，避免把公事帶回家，動靜得宜；愛就是保留一點精力回家，不可將另一半視為傾倒心裡垃圾的對象或是遷怒的對象，增加夫妻親密關係的變數；青年男女在家分工負責，共同信守為子女的良好表率。

台灣地區目前每年約有 129,274 對青年男女結婚，但也約有 62,635 對離婚，如此高的離婚率（48.45%），顯示台灣青年男女對婚姻不夠重視，對婚姻的經營不用心，對永續的婚姻缺乏深刻認識，極可能是一時衝動或隨興式結婚，將成為難以彌補的一生創痛。

四、婚姻契約——「結婚證書」（Marriage Certificate）

結婚前男女共同約定的生活準則，並以文字規範，但可隨時空變化在雙方同意下適度修改如性生活、財務、家事、子女姓氏、雙方家族互動、理財、休閒……等，可自行撰寫或參考制式規範。

第六節　幸福家庭的建構

青年男女到了適婚期，人人欽羨心目中的白馬王子或真命天子早日出現，二人可真心相愛長相廝守，幸福美滿天長地久的過著快樂無憂、充滿慈祥恩愛的美麗生活，建構幸福美滿的家庭，青年男女日思夜想，期待夢見這美好日子的到來，哼著「我們的家」的小調，過著甜蜜幸福的日子。

一、幸福家庭的涵意（definition of happy family）

幸福因個人的感受而各有不同，在三級貧戶的子弟，認為只要有屋住、有飯吃、不欠別人的錢、父母有愛、兄弟有情就是很幸福；但富豪人家子弟，或許幸福感受就不同。因而幸福家庭的定義，因個人家庭、教育、社會、文化……等，而有不同意涵。

一般而言，幸福家庭是一個親密、和諧、溫暖、互愛、互助、關懷、自信、幸福美滿的家庭，家庭中充滿著父父、子子、兄友弟恭、溫和謙讓的氣氛，就如同《禮運大同篇》中所描述：「使幼有所長、老有所終、壯有所用」，過著溫馨而和樂的日子就是幸福。

二、幸福家庭的建構

(一) 男女主人主導幸福家庭模式

青年男女互信互愛結為夫妻，兩人要有堅定的信念，願同甘共苦、榮辱與共，更有建構幸福美滿家庭的美夢，因而夫妻二人必須共同協商，取得未來幸福美滿家庭的共識，主導著這充滿溫馨、幸福、有愛、有希望的美滿家園，如經濟策略、理財原則、家庭計畫、教養兒女知能、家族互動模式、緊急事件及危機處理要項……等，使得家園導向平順、安和與希望。

(二) 家人互動密切、溝通良好

幸福家庭的家中成員有倫理道德觀念，有情緣血緣的情誼，家人相互尊重，愛惜對方，互動密切、相互關懷，相互切磋、互相勉勵，言之有物，建構家人良好的互動溝通模式。

(三) 心存良善、讚美與感激

幸福家庭的成員，人人心存善良、欣賞他人優點，推崇他人長處、口出忠言，以讚美來激化家庭的活力，相互鼓勵與安慰，真誠的關懷家族成員，使家族成員感受人生的價值與意義，使得他們會更加努力，把自己表現得更好，演好自己在職場的任何角色，更加珍惜家人在一起的日子，心存感激並安祥的過著幸福美滿的日子。

(四) 長者展現寬厚的行動與精神的護持

幸福家庭家中的長者，會以行動展現出對家庭的整體經營策略，對家人的關愛與支持，對家中發生的事務會以理性智慧積極的面對，並與家人溝通做最好的處理，使得家庭成為家中成員心中的依靠，是家人溫暖的窩及挫折時的避風港，更是再出發的好據點。

(五) 家人凝聚共識，共同成長共享天倫樂

幸福的家庭，家人平日互動頻繁，溝通平順向心力強，遇到困難問題時會同心協力的以理性解決，將危機視為對家人的挑戰與轉機，陪同家人共同渡過艱苦難關，一起努力共同成長，使得家庭在安和、平順、溫暖、有愛中走向階段性的目標，完成各階段性的任務，共享天倫之樂，共享共同努力奮鬥的甜蜜果實。

三、幸福家庭的孕育

幸福的家庭充滿溫暖、有愛、有陽光，然而它並非從天而降，須從婚前尋尋覓覓，婚後同舟共濟，到家庭生活週期（family life cycle）的良好適應，一步一步的用心經營。

(一) 建立幸福家庭的信心，堅強的面對各種挑戰

人的一生有甚多的關鍵期，一旦到了適婚年齡選擇走上結婚大道，就要做充分的準備與安排，譬如感情的調適，專業技能的發展，夫妻和好共處的決心，建立幸福快樂家庭的信心，勇敢的攜手面對各種挑戰，擘劃幸福家庭的願景。

(二) 婚前的準備

本書在第一章已對擇偶的要項、擇偶的限制與條件、感情的發展、約會的要

領有詳盡的描述，第二章對婚姻的定義、功能、婚約、婚前的準備及完美永續的婚姻做深入探討，請讀者自行參閱；並努力充實自己，提升本身的條件，以理智的方法對終生的伴侶做明智的抉擇，對家庭的經營、親職教育的方法用心的探討，冀望建構幸福家庭的美夢。

(三) 家庭生活週期的調適

人的一生走過各種不同階段，從嬰幼兒、童年、少年、青少年、青年、壯年而至成年結婚生子，養兒育女到退休年老，而至生命的結束，形成一個週期性的循環發展，叫做家庭生活週期（family life cycle）。在生命各個階段中，各有其階段性的任務與功能，因而每個人對各階段要有深入的認識與瞭解，並做好周全的準備，如表 2-6 所示。

本章重點在婚姻的基本概念，從婚姻的內涵、婚姻的功能及婚姻的重要性著手，再談到婚約、訂婚、完美的婚姻、永續婚姻到如何建構家庭，如何孕育幸福美滿的家庭，期望由於家庭的幸福美滿，培育更為優質的下一代，再造台灣奇蹟。

▽**表 2-6　典型的家庭生活週期**

階段	每階段大約年數	階段說明	基本技能（工作）
一	2	為有小孩的已婚夫婦	1. 配偶二人日常生活之適應 2. 建立新的認同——成人配偶 3. 對新的親戚之適應 4. 期待孩子來臨對懷孕之適應
二	2.5	養育幼兒階段（第一個孩子未滿三十月）	1. 對新父母角色之適應 2. 學習為人父母之各種技能適應 3. 夫婦與父母角色之適應 4. 對事業前途之適應
三	3.5	有學齡前兒童階段（第一個孩子年齡在二歲半～五歲之間）	1. 撫育兒童新技能 2. 孩子成長失去隱私之適應 3. 事業與生涯之適應 4. 對可能有第二個孩子降臨之適應

▽表 2-6　**典型的家庭生活週期（續）**

階段	每階段大約年數	階段說明	基本技能（工作）
四	7	有學齡兒童階段（第一個孩子入小學）	1. 鼓勵孩子身心之成長 2. 對學校之適應 3. 妻子或丈夫可能重回工作崗位 4. 逐漸參與學校或社區活動
五	7	家有青少年階段	1. 子女日漸自主階段 2. 計劃夫妻活動或子女離家之準備 3. 事業可能達到高峰 4. 家庭經濟可能達到高峰階段
六	8	步入突飛階段（孩子分別離家）	1. 成年子女獨立階段（上大學、工作、結婚等） 2. 繼續給子女之獨立機會，但不過份控制 3. 鞏固父母之婚姻生活對可能失去配偶之適應
七	15	中年父母階段（空巢階段）	1. 享受老伴之恩情 2. 對健康狀況之適應 3. 對祖父母角色之適應 4. 增加社區活動或其他休閒活動
八	10-15	老年階段或鰥寡（自退休到死亡）	1. 對邁入老年及健康衰微之適應 2. 接受老人之認同 3. 對退休及失去社會或工作地位之適應 4. 在健康許可範圍內參加有意義之活動

資料來源：林敏宜等（1998：219）**；藍采風**（1996：33-36）。

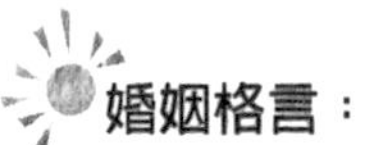
婚姻格言：

婚前尋尋覓覓，選我所愛；
婚後甜甜蜜蜜，愛我所選。

夫妻治家嘉言：百忍太和

人間和氣福運開，家中吵鬧便生災；
暗中再加鄰居笑，定規沒有好日來；
夫妻姻緣天命成，唱隨同心家和諧；
百世修來同船渡，千世修來共枕眠；
丈夫不可嫌妻醜，妻子不可嫌夫貧；
妻子醜陋前生定，夫家貧苦命生成；
命好不到貧家去，貧窮難進富家門；
夫為家門圖發達，妻勤節儉助良人；
平心思念姻緣美，平等互助敬如賓；
忍讓相共生百福，子孫繁衍福緣長。

問題與討論

1. 台灣社會目前貧戶普遍存在，年輕人談到結婚有的會害怕，如何突破難關完成終生大事？
2. 請您去訪談今年度的縣市模範家庭或模範夫妻，請記下您的心得與感言？

3. 今有一對新婚夫妻剛度蜜月回來，被發現兩人精神均不好，原來蜜月期間常發生爭吵，請就表 2-4 檢討婚姻成功指標的意義？
4. 您將如何成為一位成功的好男人，或成功的好女人，如何計劃？
5. 婚姻的功能有哪些？結婚對一個人一生有何重要性？如何完成穩定永續的婚姻？
6. 婚約對婚姻穩定度有很大的影響，就您所知，婚約在什麼情況下可做修訂？修訂時應注意事項為何？

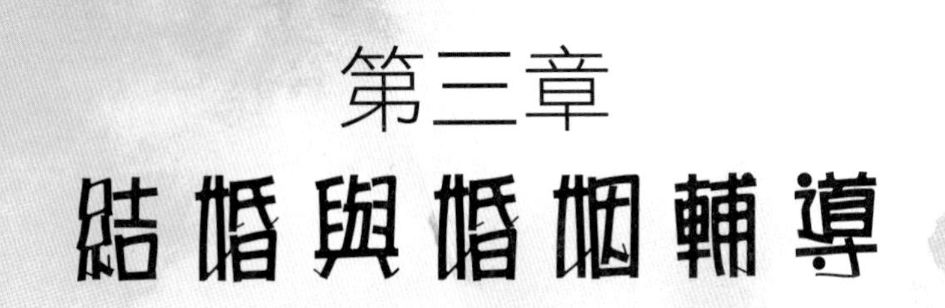

第三章 結婚與婚姻輔導

彭懷真（2003）在《婚姻與家庭》一書中談到婚姻成敗的最主要因素，認為婚禮較為正式者，婚姻較穩定，結婚儀式較為公開化者，婚姻也較為穩定；因而青年男女從認識到感情發展，訂婚到結婚過程中有其一定的順序，讓愛苗在穩定中成長，讓婚姻在夫妻二人用心經營下，開花而有良好的結果。

第一節　訂婚

一、提親（Proposal of Marriage）

青年男女在擇偶交往互動過程中，彼此認為雙方均是自己尋尋覓覓的真愛天子，於是青年男女有意中人時，須向家中長輩父母報告，在父母同意下委請介紹人（媒婆）或長輩到女方家提親，經由介紹人（媒婆）美言，說明男方的優點、特質、狀況及男方的誠意，徵得女方父母同意後，女方即將待字閨中女子、父母的生辰年月日（含農曆、國曆）給予男方，以便日後男方去合生辰八字，找出良辰吉日早日完成訂婚。在結婚手續中這過程稱為提親。

二、訂婚（Engagement）

訂婚又叫文定之喜，是男女雙方經過認識熱戀後，彼此雙方心滿意合，且徵得雙方父母同意後，選定良辰吉日並準備男女信物、戒指、敬拜祖先禮品，在雙方父母主婚人、親友及介紹人見證下，完成交換信物互戴戒指程序，完成訂婚儀式，儀式完成後女方宴請雙方親友家屬。訂婚在傳統習俗上非常重要。

(一) 訂婚的定義

訂婚稱為文定之喜，傳統婚禮過程中又有大訂（完聘）、小訂之分；時至今日，大部分均以一次完成，又稱為完聘或文定；訂婚是代表青年男女兩人均認為彼此情投意合互相喜愛，並徵得雙方家長同意願攜手結為連理，在現今工商社會中也有極少數人，認為訂婚是不切實際缺少法律效用，因而省略訂婚直接就結婚；

但婚姻指導專家認為訂婚有其正向意義與功能，而且愈正式的文定儀式，婚姻成功率愈高，婚姻穩定度愈好，訂了婚之後雙方家庭，可做更進一步聯絡與認識，青年男女訂婚後象徵感情發展可更進一步發展，並互相體恤與調適。

(二) 訂婚的功能

1. 青年男女雙方家庭、家人可互動與瞭解而增進情誼

   經過訂婚過程中雙方家人的互動往來，結成親家姻緣，並共享文定喜宴，增進彼此的認識與瞭解，雙方家人即可正式往來互動，互相瞭解認識，增進情誼。

2. 青年男女兩人發展滿意的親密關係，並增進互相關懷意念

   青年男女由於訂婚過程經由雙方家長同意及親友的肯定，因而感情的發展雙方會更正式，更主動的相互關懷，更公開化的行動發展為更親密的關係。

3. 青年男女心情會較為穩定成熟

   訂婚經由雙方家長親友祝福與認同，青年男女不必再為男女感情、男女朋友或終身大事而心煩，青年男女此時心緒已定，互認對方將成終身伴侶，在人格發展上也象徵即將成家立業，而更為理性成熟穩重。

4. 感情的調適與更深入的認識

   青年男女訂婚後，一般均認為對方將成為終身的伴侶，二人的互動也會更為正式與頻繁，從認識而相戀的刻意偽飾心防也會逐步解除，青年男女便可更進一步互相認識瞭解，在感情發展上可加溫而彼此相互調適。

5. 試婚的前奏曲與婚姻成功的指標

   青年男女從訂婚到結婚，若是時間拉長更可進一步考驗二人，對婚姻的重視程度，也是婚前的調適期，更是時下試婚的前奏，若是彼此重視訂婚後的感情穩定成長，也象徵婚姻成功在望。若是彼此發現對方個性、價值觀、理念，實是無法相容，也是終止兩人關係的時候，避免造成婚

後永久的不幸發生。

6. 青年男女共同描繪願景

訂婚後二人相處更為緊密，感情發展更為成熟，自然有組織美好家庭，規劃美好人生的意念，此刻熱戀中的青年男女，均有描繪美麗願景的憧憬。

三、訂婚的禮儀與訂婚相關議題

過去傳統的農業社會，各種訂婚儀式、習俗應有盡有不一而足，但根據婚姻指導專家研究，訂婚或結婚過程愈慎重、愈正式，其婚姻的成功機率愈高，因而依台灣目前各地民情風俗，擬定一套較為可行的訂婚禮儀。

(一) 訂婚典禮程序

在典禮尚未進行前，先有奉甜茶（奉茶）或呷茶的禮俗，待男方親友喝完甜茶，每人都要給新娘紅包，也叫壓茶甌或壓茶杯，每人並要講一句好聽的話象徵大吉大利，完成後即表示新娘已受聘完成，不再接受他人之聘，並依新郎稱謂稱呼男方親友，隨即訂婚典禮正式開始。

○○○先生
△△△小姐 訂婚典禮程序表

1. 訂婚典禮開始
2. 來賓親友請就位
3. 主婚人、介紹人請就位
4. 訂婚人請就位
5. 宣讀訂婚證書
6. 用印
7. 交換信物

⑴戴戒指（先戴新娘中指的戒指，再戴新郎中指的戒指）。

⑵準婆婆為新娘佩戴項鍊，準岳母為新郎配戴項鍊。

8. 新郎新娘相互行三鞠躬禮

9. 介紹人致賀詞

10. 主婚人致賀詞

11. 新郎新娘向主婚人、介紹人行鞠躬禮

12. 新郎新娘向來賓親友行鞠躬禮

13. 禮成

14. 鳴砲

15. 合照

(二) 訂婚證書

訂婚證書

000男 出生於中華民國　年　月　日係　省　縣人
000女 出生於中華民國　年　月　日係　省　縣人

茲以雙方同意並經報告家長謹於中華民國　年　月　日
在　縣　鎮訂婚
此證

訂婚人 000　蓋章
000　蓋章
主婚人 000　蓋章
000　蓋章
000　蓋章
000　蓋章
介紹人 000　蓋章

中華民國　年　月　日

(三) 訂婚相關議題

1. 婚姻六禮

中國社會為延續民族命脈，把婚姻視為整個社會秩序安排中重要的一環。在《周禮》中將婚姻列為專案，明定納采、問名、納吉、納徵、請期、親迎為六禮，以表示男女結合必慎重其事。宋朝朱熹把手續減少為三禮，把問名附於納采，而納吉、請期附於納徵，但整體而言，亦保留了六禮的精神（彭懷真，2003）。

六禮的內涵包括：

⑴ 納采：由男方央請媒人到女方求婚說項，並問明待字閨中女子的年歲屬肖。古時的拋繡球活動也屬拉紅線味道，現今演變為婚姻介紹所、媒人或新式的電視節目男女配對、電腦速配方式。

⑵ 問名：古式的「探家風」，從認識的親友中打聽男女雙方的家世，最好門當戶對，台灣人結婚很重視雙方的家庭狀況，若雙方家況極為懸殊，男女雙方在價值觀、生活習慣、教育程度、文化……等差異太大，若勉強結成連理，婚後較難相容。

⑶ 納吉：意謂男方到女方家送訂婚禮物，即「小聘」之意。

⑷ 納徵：即「大聘」、「禮聘」，男方依媒人安排徵得雙方同意的禮餅、首飾、貴重衣物送到女方家，也是大訂。

⑸ 請期：男方取得女方父、母、新娘生辰日月，需和男方主婚人、新郎生辰月日相合，經擇日館或堪輿師數算，找出雙方合適的良辰吉時的結婚日。

⑹ 親迎：即男方到女方家迎娶新娘，必須隆重而守禮，親迎因各地民俗、民情不同，女方須配合男方家的民俗，重禮相迎。

2. 訂婚六禮

訂婚通常在女方家請客，所以男方要致贈女方謝宴禮，俗稱六禮。包含：

⑴賞桌禮；⑵廚師禮；⑶端菜禮；⑷盥洗禮；⑸化妝禮；⑹捧茶禮。

3. 新娘雙腳置於小凳上

訂婚時禮俗上新娘雙腳要置於小凳上，意謂新娘嫁過男方會較好命。

4. 祭拜祖先

訂婚完成後，雙方均要祭拜祖先，告知歷代列祖列宗第幾世孫子、孫女完成文定，感謝祖先保佑並給予祝福。

5. 男女雙方訂婚禮品

男方禮品：⑴金「壽金」；⑵炮「連炮」；⑶燭；⑷龍眼乾；⑸冰糖或檳榔；⑹冬瓜糖。以上六種必備，再外加首飾、喜餅、餅盒、聘金、酒、香菇、罐頭……等，共要組合十、十二或十六樣。

女方禮品：⑴草仔——「好生子」；⑵芋頭——「好育子」；⑶西裝；⑷首飾；⑸領帶；⑹襯衫、皮帶、皮包、鞋子、手錶……等，共組合十、十二或十六樣。

6. 注意事項

⑴ 訂婚當天及前後三天，為討吉利一切生活起居均須留意，不要打破東西或弄倒茶罐。

⑵ 文定喜宴當男方要離開時，不互相打招呼，不說再見，以免發生枝節或有再婚之虞。

第二節　結婚與結婚相關議題

一、結婚的要件

第二章中已談過結婚有實質要件與形式要件，在實質要件中，青年男女須達法定結婚年齡，男生須滿十八歲，女生須滿十六歲，若未達法定年齡須徵得法定

代理人同意，並且男女雙方當事人有結婚意念，並未與他人結婚；形式要件中規定，須在公開儀式中完成且有二人以上之證人，結婚須由青年男女當事人親自為之，不能由他人代理。

二、結婚的定義

不管時代如何演變，文化如何不同，古今中外雖然地域不同、價值觀、制度有異，但結婚相信是人一生中最重要的一件大事，它影響人一生的成就，更影響人一生的幸福，並能孕育美滿的家庭，造就優質的下一代，成功的婚姻靠男女雙方的用心經營、永續規劃，成就家庭建設國富而民強的社會，相信完美的婚姻對個人是幸福快樂而有希望，對家庭是幸福美滿充滿溫馨歡樂而有活力，對國家更是充滿活力，欣欣向榮而有競爭力，這就是結婚的積極意義，在創造永續經營而多贏的局面，青年男女須有堅強毅力，海誓山盟永結同心結為連理。

結婚的消極意義乃是傳統守舊觀念，男大當婚女大當嫁為傳宗接代，為性的需求與家庭社會的壓力而結婚，缺乏感情的基礎與永續的婚姻經營理念，對婚姻更沒有妥適的規劃，這種婚姻少了青年男女雙方主動積極前瞻性的經營，感情基礎較為薄弱，因而較沒有活力，沒有明確目標，也缺少了競爭力，可以說是為結婚而結婚。

三、婚禮的規劃（Wedding Plan）

青年男女經過一連串的考驗與愛情長跑，期盼有一天能結為連理，共創幸福美滿的願景，彼此攜手共同走向人生快樂的旅程，婚禮的規劃極為重要，根據婚姻專家的研究，青年男女婚禮愈正式、愈公開，愈重視合法的儀式程序，婚姻的穩定度愈好，因而妥適的規劃婚禮是相當重要的，也保障了婚姻關係中男女主角的權利與義務。

合適的婚禮，應是男女主角與雙方主婚人會談協商，配合風俗民情及男女主角職場性質，兩人共同意向與喜好，兩人的社經背景宗教信仰，及主婚人對青年男女婚禮意見融合而成，妥善、周全的規劃，留下一生中最美好而有意義的回憶，相信這種婚禮是簡約而莊重、嚴肅而不失歡欣、隆重而不喧嘩，符合青年男女及社會親友的期待。

婚禮的形式有以下幾種：

(一) 傳統式的婚禮

一般而言，除了特殊宗教儀式婚禮外，社會上大部分的人婚禮均採傳統式婚禮。傳統式的婚禮又分為婚禮前夕的祭拜、安慶禮及婚禮當天的迎娶新娘整套禮儀，待新娘娶進門後再宴請親友喝喜酒。

(二) 公證結婚

公證結婚的程序與飯店行禮很相似，但較為莊嚴正式與神聖感，公證結婚約須二週前，先到法院公證處辦理登記，結婚儀式在公證處的公證結婚禮堂進行，結婚後也可再行宴請親友。

(三) 宗教儀式的婚禮

天主教、基督教徒在新娘迎娶後，即前往教堂由牧師主持證婚福證、唱詩歌祝福（牧師福證），這種宗教儀式的婚禮完成後，宴請親友或依飯店行禮。

(四) 集團結婚

集團結婚較類似宗教婚禮，須事先向主辦單位登記並審核，婚禮會場布置儀式均由主辦單位負責，並由德高望重的機關首長主持證婚，大部分均配合節慶或特殊紀念性活動而辦理集團結婚，集團結婚完畢，可自行在家宴請親友或依飯店行禮。

(五) 特殊性的婚禮

時下很多青年男女或婚禮設計公司，為讓年輕人婚禮具有創意、隆重、難忘特殊而有意義，往往規劃許多與眾不同的婚禮形式，如潛水婚禮、輕航機婚禮、牛車婚禮、馬車婚禮、跳傘婚禮……等，愈是有創意，往往結婚更為難忘而有趣，

同時可消除男女主角在結婚當天的心理壓力，婚禮完畢後可自行在家宴請親友，或依飯店行禮。

新娘迎娶的過程（親迎）：

祭祖→迎親（車數以偶數或六的倍數）→燃炮→共食姊妹桌（新娘與家人共餐）→請新郎→討喜（新郎送捧花給新娘）→蓋頭紗（新郎將新娘頭紗蓋下）→拜別→出門（新娘頭部上方以竹篩或黑傘遮住）→禮車（竹子、籮蔔、後方有八卦竹篩）→敬扇→潑水→擲扇→燃炮→摸橘子→牽新娘（新娘頭的上方有竹篩）→忌踩門檻→過火盆、踩碎瓦片→敬茶→拜天地→進洞房→忌坐新床→觀禮喜宴→送客→吃茶→鬧洞房（京華鑽石，2005）。

婚禮的儀式：

1.結婚典禮開始（奏樂、鳴炮）；2.來賓、親屬就位；3.主婚人就位；4.介紹人就位；5.證婚人就位；6.男女儐相引新郎、新娘就位；7.證婚人宣讀結婚證書；8.新郎、新娘行結婚禮（相對三鞠躬）；9.新郎用印、新娘用印；10介紹人用印；11.主婚人用印；12.證婚人用印；13.證婚人致祝賀詞；14.介紹人致祝賀詞；15.來賓致賀詞；16.主婚人致謝詞；17.新郎、新娘謝證婚人；18.新郎、新娘謝介紹人；19.新郎、新娘謝主婚人；20.新郎、新娘謝來賓親屬；21.奏樂；22.禮成。

四、結婚的相關議題

(一) 結婚證書

<table>
<tr><td colspan="4">結婚證書
○○○男出生於中華民國○○年○月○日係○○省市○○縣市人
○○○女出生於中華民國○○年○月○日係○○省市○○縣市人
茲以雙方願意結婚，並經報告家長同意
謹於中華民國○○年○月○日○午○時，在○○○○結婚完成婚禮
此證
結婚人　○○○蓋章
主婚人　○○○蓋章
介紹人　○○○蓋章
證婚人　○○○蓋章
中華民國　年　月　日</td></tr>
</table>

註：國民禮儀範例第四十二條：結婚證書一式二份，男女雙方各執一份。

資料來源：內政部（2005a）。

(二) 結婚日特別留意事項

1. 安床：婚前夫家找一良辰吉日安床，安床後到新婚夜前新郎要找一男童陪睡不可以空床。
2. 新郎新娘禮車：新郎新娘禮車均位於第二部或第三部，禮車外綁有連根帶葉竹子一枝並附上豬肉一塊，禮車後座上方要放八卦竹篩。
3. 甘蔗、小雞：甘蔗兩根有頭有尾連根帶葉，謂生生不息、步步高升，小雞公母共六隻又叫帶路雞，現今亦有藝術品的藝術雞代替。
4. 子孫桶：又稱尾擔，用紅布包裹，內附紅包，必須請全福之人挑起，全福是謂富、貴、才、子、壽。

5. 蓮蕉花、芋頭、龍眼苗或桂花、木炭：結婚當天女方要送前述物種，意謂連招生子、落地生根、多子多孫、富貴連連。
6. 吃湯圓：迎娶新娘回到家時，夫家必須準備湯圓，色澤宜吉祥多紅，意謂圓滿歡喜、喜氣洋洋、諸事大吉大利。

第三節　婚姻斜坡與外籍新娘

一、婚姻斜坡（marriage gradient）

指在婚姻市場上，呈現男女雙方在擇偶選擇時有一特殊的現象，即男方在選擇對象時會考慮女方年齡與自己相當或較小，身高比自己矮，經濟能力比自己相當或差一點，教育程度與自己差不多或低；換句話說，女方整體性的條件要比自己差一些或相當，男方才會考慮，介紹人在介紹雙方認識前也會考量男性的條件，要比女性好或相當，才會鼓勵交往互動，久而久之形成一種社會文化，卻也慢慢出現一種奇特的社會現象，就是整體性條件較好的頂尖女生，在台灣社會不易找到婚配對象，而錯過適婚年齡沒有結婚，最後形成單身貴族，上流社會很多政商女性名流有此現象，其實她們條件很好、身材好、學歷好、又多金、社經地位又高，一年錯過一年，內心實有難言苦衷。而在台灣條件差的弱勢男生，在台灣社會亦不易找到合適的婚配對象，只好考慮遠渡重洋迎娶弱勢的中國小姐或外籍新娘，如越南新娘、菲律賓新娘、泰國新娘、印尼新娘……等，如圖 3-1 所示。

二、外籍新娘與新台灣之子

台灣在八〇年代由於教育普及、社會安定、國人勤奮成性，創造了舉世聞名的台灣經濟奇蹟，形成可貴的台灣經驗，比起東南亞鄰近國家，台灣占有亞洲四小龍的關鍵地位，在世界經濟舞台占有一席之地，外匯存底亦是世界排名第二，可謂國富民強，比起鄰近亞洲國家，台灣的經濟能力及國民生活水平相當不錯，

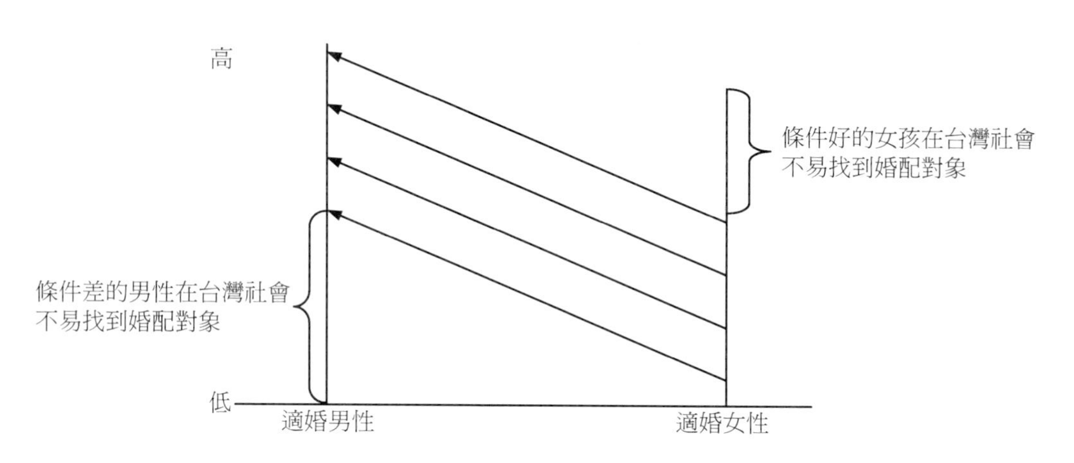

△圖 3-1　**婚姻斜坡圖**

資料來源：作者自行整理。

因而在台灣較為弱勢的適婚男性，因婚姻斜坡效應影響，而有經濟能力迎娶東南亞的年輕女子為妻，如中國大陸、越南、菲律賓、緬甸、泰國……等，外籍新娘即由仲介公司一批批的引進台灣，也形成台灣一種特殊的現象，目前婚配比例也約為 8：1，在台灣目前外籍配偶人數更高達三十六萬多人，如表 3-1 所示；外籍配偶所婚生的子女在目前台灣社會稱為新台灣之子。

第四節　婚姻衝突（The conflict in marriage）

一對結婚的夫妻來自不同地域、不同文化、不同背景、不同的家庭教育方式，不同的價值理念，因而夫妻衝突在所難免，但衝突有正向也有負向，並非夫妻衝突均是不好的；正向的夫妻衝突也可算是夫妻溝通的一種方式，在衝突及意見不同的看法中，尋求符合社會、夫妻、家庭最有利最和諧的平衡點，相信久而久之這對夫妻會成長進步，因意見的融合夫妻兩人會互相更加瞭解，感情愈加甜蜜婚姻愈穩定；但若夫妻兩人不知禮讓、不瞭解夫妻相處之道、不知相互尊重，每次

▽表 3-1　台閩地區各縣市外籍與大陸（含港澳）配偶人數

台閩地區各縣市外籍與大陸（含港澳）配偶人數

一九八七年一月至二〇〇五年十一月底

區域別	總計	外籍配偶									大陸港澳地區配偶		
		合計			歸化（取得）國籍			外僑居留			合計		
		計	男	女	計	男	女	計	男	女	計	男	女
總計	362,553	130,345	9,472	120,873	37,090	225	36,865	93,255	9,247	84,008	232,208	15,274	216,934
台北縣	68,291	22,541	2,598	19,943	5,021	81	4,940	17,520	2,517	15,003	45,750	4,462	41,288
宜蘭縣	5,615	2,467	73	2,394	745	2	743	1,722	71	1,651	3,148	87	3,061
桃園縣	36,457	14,083	1,464	12,619	3,943	47	3,896	10,140	1,417	8,723	22,374	1,536	20,838
新竹縣	8,509	4,461	135	4,326	1,987	3	1,984	2,474	132	2,342	4,048	140	3,908
苗栗縣	9,624	4,331	127	4,204	1,578	5	1,573	2,753	122	2,631	5,293	142	5,151
台中縣	21,349	8,380	392	7,988	2,478	8	2,470	5,902	384	5,518	12,969	494	12,475
彰化縣	15,551	8,136	254	7,882	2,789	5	2,784	5,347	249	5,098	7,415	168	7,247
南投縣	8,123	4,202	91	4,111	1,449	3	1,446	2,753	88	2,665	3,921	147	3,774
雲林縣	11,575	5,873	90	5,783	2,297	—	2,297	3,576	90	3,486	5,702	136	5,566
嘉義縣	9,979	4,804	52	4,752	1,735	4	1,731	3,069	48	3,021	5,175	163	5,012
台南縣	14,389	5,889	189	5,700	1,625	4	1,621	4,264	185	4,079	8,500	359	8,141
高雄縣	20,984	7,034	214	6,820	2,009	6	2,003	5,025	208	4,817	13,950	608	13,342
屏東縣	15,323	6,950	148	6,802	2,285	1	2,284	4,665	147	4,518	8,373	465	7,908
台東縣	3,342	1,244	25	1,219	340	—	340	904	25	879	2,098	119	1,979
花蓮縣	7,071	1,722	125	1,597	476	1	475	1,246	124	1,122	5,349	696	4,653
澎湖縣	1,445	842	12	830	368	—	368	474	12	462	603	13	590
基隆市	7,540	2,010	84	1,926	388	3	385	1,622	81	1,541	5,530	356	5,174
新竹市	5,419	2,000	188	1,812	544	—	544	1,456	188	1,268	3,419	154	3,265

▽表 3-1　台閩地區各縣市外籍與大陸（含港澳）配偶人數（續）

台閩地區各縣市外籍與大陸（含港澳）配偶人數													
一九八七年一月至二〇〇五年十一月底													
		外籍配偶									大陸港澳地區配偶		
區域別	總　計	合計			歸化（取得）國籍			外　僑　居　留			合　計		
		計	男	女	計	男	女	計	男	女	計	男	女
台中市	15,538	3,922	616	3,306	716	14	702	3,206	602	2,604	11,616	529	11,087
嘉義市	3,354	1,125	65	1,060	292	—	292	833	65	768	2,229	147	2,082
台南市	8,866	2,600	238	2,362	576	4	572	2,024	234	1,790	6,266	406	5,860
台北市	38,767	9,349	1,837	7,512	1,714	28	1,686	7,635	1,809	5,826	29,418	2,855	26,563
高雄市	23,822	6,087	452	5,635	1,576	6	1,570	4,511	446	4,065	17,735	997	16,738
金門縣	1,125	269	2	267	152	—	152	117	2	115	856	11	845
連江縣	344	24	1	23	7	—	7	17	1	16	320	66	254
未　詳	151	—	—	—	—	—	—	—	—	—	151	18	133

資料來源：內政部警政署、入出境管理局及內政部（2005b）。

意見不合夫妻就大吵特吵，積怨難解帶來感情的傷痕，若不知如何彌補，久而久之就會帶來婚姻危機。

依張春興（1989）分析，夫妻衝突的形式與嚴重性雖各不相同，衝突的主要因素依序有：1.性生活不和諧；2.家庭經濟問題；3.對子女教養態度不一致；4.個性理念相差懸殊；5.宗教信仰不同；6.價值理念有差異；7.個人興趣相異。

彭駕騂（1994）在探討婚姻危機的形成原因，有十點：1.夫妻人格特質未能配合；2.夫妻婚前相知不足；3.第三者介入；4.家庭生活刻板；5.夫妻間有成長差異；6.家庭面臨經濟危機；7.夫妻雙方均面對發展事業的生涯壓力；8.姻親與人際關係問題；9.夫妻性關係不和諧；10.夫妻相處時間不足。這些問題都容易造成婚姻低潮，如果持續缺乏溝通，則問題的嚴重性會加劇，婚姻衝突隨時會發生，婚姻危機就不容易化解了。

最嚴重威脅婚姻穩定性的八大類因素：1.感情關係；2.性關係；3.角色履行；4.親子角色關係；5.社會文化背景；6.因特殊環境而造成之衝突，如經濟、疾病；7.偏差行為；8.人格及人際關係包括自私、獨裁、雙方家族關係不和諧……等，均易造成婚姻關係的衝突。

第五節　婚姻危機（The crisis of marriage）

婚姻是透過合法程序，將一對來自不同環境、背景、價值理念、文化的二個人，可以合法正式的共同在一起生活，因而婚姻衝突在所難免。在婚前需透過理智、冷靜、深思、多觀察、多考驗、多分析來研判雙方是否合適，在擇偶儲存檔中選擇最合適人選，避免婚後常發生婚姻衝突；但若婚姻衝突發生時，雙方也要忍耐、有毅力，更應沉思，秉持樂觀的態度，尋求最有利最合適的平衡點，兩人均該勇於面對現實檢討因果關係，知錯能改善莫大焉，否則婚姻危機隨時浮現，若是不幸發生，相信對男女雙方、雙方家族、社會乃至國家，均是不幸的大事。

因而任何人均有責任避免婚姻危機的發生。

一、處於婚姻危機邊緣的男性

1. 大男人主義：傳統思想、唯我獨尊。
2. 偏激心態：把女方當女奴看待。
3. 不良生活習慣：嗜酒、衛生問題。
4. 偏差行為：吸毒、暴力、好賭。
5. 缺乏責任感：沒有家庭責任、遊手好閒。
6. 不積極：沒有上進心、不努力。
7. 外遇、婚外情：不正常的男女關係。
8. 吝嗇守拙：守財奴、視錢如命。
9. 追求享樂：愛名牌、花天酒地。
10. 暴力：以暴力解決問題。
11. 人際關係不好：尤其父母與內人的婆媳關係，雙方家族人際互動。
12. 好高騖遠：夢幻生活、追求虛無漂渺。
13. 自暴自棄：欠缺積極人生觀、沒有鬥志。
14. 沒有原則主見：無法處事、家務一團亂。
15. 事業心太強：專注個人事業，對夫妻二人共同生活品質不重視。
16. 政治理念不同：政黨意識過於強烈。
17. 性問題：性無能或性變態。
18. 宗教：宗教理念明顯差異。
19. 經濟：經濟能力不好，難以維續家庭開銷。
20. 病弱：身體病弱無法滿足夫妻生活，或維護家人生活。

二、處於婚姻危機邊緣的女性

1. 過度優越型：嫌對方及對方的家族不好，認為自己委屈難以和對方及家族生活。

2. 浪漫夢幻型：沉溺愛河中不知面對現實生活。

3. 完美主義型：眼裡容不下一點瑕疵、心裡盛不下一絲缺點，太過挑剔。

4. 情感放縱型：婚外情、外遇、不專情。

5. 自我封閉型：無法與他人溝通協調，無法達到生命的融通與感情的交流。

6. 嘮叨挑剔型：碎碎唸、總覺別人不好。

7. 遷就順從型：自己沒有原則、見異思遷。

8. 吝嗇守拙型：守財奴、視錢如命。

9. 追求享樂型：喜好名牌，不做家事。

10.暴力相向型：有暴力傾向。

11.幼稚依賴型：圓滿婚姻與成熟度成正比，成熟度不足依賴成性。

12.人際不良型：婆媳、家族、朋友關係處理不好。

13.沒家庭觀念型：對家務、家事沒用心。

14.性問題型：性冷感或對性有特殊意見。

15.病弱型：女性身體病弱，易引發男性不滿。

三、新台灣之子

近幾年來，台灣因擁有經濟實力並走向積極開放，又由於女性主義抬頭，兩性平權及婚姻斜坡效應影響，國民日常基本消費又大增，在台灣部分弱勢適婚男性如貧戶、肢障、社會地位較低者，較難找到合適婚配對象，因而很多適婚男性選擇尋求外籍女子當終身伴侶，而且有愈來愈多愈普遍的趨勢。外籍新娘她們遠渡重洋來到台灣，地域國度不同形成語言、制度、文化、風土民情均有很大差異，要適應台灣多變的社會何其艱辛，近十幾年來外籍新娘到台灣結婚生子，形成另一波台灣奇蹟，這奇蹟的現象就是新台灣之子陸續誕生，未來台灣將有愈來愈多的新台灣之子出現，如表3-2所示，目前比例約為6：1，有再增多的現象。新台灣之子的出現自西元一九九八年至二○○五年十一月約有二十萬人，帶來很多的社會問題，造成台灣社會極大的衝擊，如國籍、教育、財產、文化、治安……等問

▽表 3-2　台閩地區嬰兒出生數（按婚生、非婚生、棄嬰或無依兒童及生母國籍分）

年月別	性別	合計	婚生、非婚生及棄嬰或無依兒童				生母國籍（地區）		
			婚生	非婚生		棄嬰或無依兒童	本國	大陸港澳地區	外國籍
				已認領	未認領				
	計	271,450	262,081	3,186	6,108	75			
一九九八年	男	141,462	136,648	1,659	3,114	41	257,546		13,904
	女	129,988	125,433	1,527	2,994	34			
	計	283,661	274,495	3,430	5,653	83			
一九九九年	男	148,042	143,281	1,822	2,898	41	266,505		17,156
	女	135,619	131,214	1,608	2,755	42			
	計	305,312	295,294	3,977	5,975	66			
二〇〇〇年	男	159,726	154,636	2,011	3,037	42	282,073		23,239
	女	145,586	140,658	1,966	2,938	24			
	計	260,354	250,858	3,882	5,551	63			
二〇〇一年	男	135,596	130,704	1,970	2,886	36	232,608		27,746
	女	124,758	120,154	1,912	2,665	27			
	計	247,530	238,521	3,415	5,530	64			
二〇〇二年	男	129,537	124,804	1,735	2,963	35	216,697		30,833
	女	117,993	113,717	1,680	2,567	29			
	計	227,070	218,978	1,846	6,184	62			
二〇〇三年	男	118,984	114,801	970	3,178	35	196,722		30,348
	女	108,086	104,177	876	3,006	27			
	計	216,419	208,471	1,445	6,442	61	187,753	11,206	17,460
二〇〇四年	男	113,639	109,450	808	3,348	33	98,704	5,885	9,050
	女	102,780	99,021	637	3,094	28	89,049	5,321	8,410
	計	20,858	20,133	166	552	7	18,254	1,018	1,586
十一月	男	10,818	10,452	93	269	4	9,449	541	828
	女	10,040	9,681	73	283	3	8,805	477	758
	計	19,885	19,150	136	599	–	17,369	975	1,541
十二月	男	10,321	9,935	79	307	–	9,014	491	816
	女	9,564	9,215	57	292	–	8,355	484	725

▽表 3-2　台閩地區嬰兒出生數（按婚生、非婚生、棄嬰或無依兒童及生母國籍分）（續）

年月別	性別	婚生、非婚生及棄嬰或無依兒童					生母國籍（地區）		
		合計	婚生	非婚生		棄嬰或無依兒童	本國	大陸港澳地區	外國籍
				已認領	未認領				
二〇〇五年截至十一月止	計	187,739	180,123	1,437	6,144	35	163,420	9,196	15,123
	男	98,025	94,130	743	3,134	18	85,291	4,788	7,946
	女	89,714	85,993	694	3,010	17	78,129	4,408	7,177
一月	計	17,844	17,180	116	545	3	15,589	861	1,394
	男	9,283	8,935	69	277	2	8,086	445	752
	女	8,561	8,245	47	268	1	7,503	416	642
二月	計	14,567	13,993	104	468	2	12,699	693	1,175
	男	7,567	7,282	49	234	2	6,605	363	599
	女	7,000	6,711	55	234	–	6,094	330	576
三月	計	18,956	18,183	132	637	4	16,599	877	1,480
	男	9,866	9,487	72	305	2	8,639	462	765
	女	9,090	8,696	60	332	2	7,960	415	715
四月	計	15,473	14,866	122	480	5	13,466	716	1,291
	男	8,076	7,762	68	245	1	7,028	368	680
	女	7,397	7,104	54	235	4	6,438	348	611
五月	計	17,085	16,396	111	575	3	14,873	828	1,384
	男	8,928	8,570	57	301	–	7,789	406	733
	女	8,157	7,826	54	274	3	7,084	422	651
六月	計	15,920	15,285	116	516	3	13,785	846	1,289
	男	8,278	7,954	63	258	3	7,168	441	669
	女	7,642	7,331	53	258	–	6,617	405	620
七月	計	16,119	15,505	123	490	1	13,983	812	1,324
	男	8,456	8,125	62	269	–	7,290	447	719
	女	7,663	7,380	61	221	1	6,693	365	605
八月	計	17,933	17,147	141	643	2	15,480	917	1,536
	男	9,391	9,000	71	320	-	8,097	496	798
	女	8,542	8,147	70	323	2	7,383	421	738

▽表 3-2　台閩地區嬰兒出生數（按婚生、非婚生、棄嬰或無依兒童及生母國籍分）（續）

年月別	性別	婚生、非婚生及棄嬰或無依兒童					生母國籍（地區）		
		合計	婚生	非婚生		棄嬰或無依兒童	本國	大陸港澳地區	外國籍
				已認領	未認領				
九月	計	17,559	16,733	166	654	6	15,294	890	1,375
	男	9,086	8,652	86	344	4	7,943	438	705
	女	8,473	8,081	80	310	2	7,351	452	670
十月	計	17,584	16,890	132	561	1	15,299	861	1,424
	男	9,303	8,955	64	284	–	8,070	468	765
	女	8,281	7,935	68	277	1	7,229	393	659
十一月	計	18,699	17,945	174	575	5	16,353	895	1,451
	男	9,791	9,408	82	297	4	8,576	454	761
	女	8,908	8,537	92	278	1	7,777	441	690
較上年同月增減（%）△	計	−10.35	−10.87	4.82	4.17	−28.57	−10.41	−12.08	8.51
	男	−9.49	−9.99	−11.83	10.41	–	−9.24	−16.08	8.09
	女	−11.27	−11.82	26.03	−1.77	########	−11.68	−7.55	8.97
較本年上月增減（%）△	計	6.34	6.25	31.82	2.50	400.00	6.89	3.95	1.90
	男	5.25	5.06	28.13	4.58	100.00	6.27	−2.99	0.52
	女	7.57	7.59	35.29	0.36	–	7.58	12.21	4.70

說明：1. 本表按登記日期統計。

2. 生母國籍資料自二〇〇四年起按月統計。

資料來源：內政部戶政司（2005b）。

題會一一浮現，政府應及早規劃妥善解決。

第六節　離婚及離婚的影響

一、離婚的定義（The Definition of Divorce）

離婚是男女雙方經法律程序，認定不再有夫妻關係，彭懷真（2003）認為是法律上有效婚姻的破滅，而 Goodman（1993）則認為離婚是結束婚姻的法律過程。在中華民國《民法》第四編第五節自第一〇四九條至一〇五八條規範離婚的要件：離婚有兩願離婚（協議離婚）和判決離婚，而判決離婚需符合要件並由法院判決（彭懷真，2003）；離婚的目的在解除婚姻關係，以獲得離婚所欲達成的心願，因而離婚原因及離婚目的也因人而異。

二、離婚的狀況（形式）（State of Divorce）

依彭懷真（2003）將離婚形式分為下列五種：

1. 感情上離婚：夫妻雖未正式離婚，但已分居或同床異夢。
2. 法律上離婚：經法律程序解除婚姻關係。
3. 經濟上離婚：夫妻分成個別的經濟單位，各有其自己的經濟收入產物花費的控制，及稅務債務的責任。
4. 撫育上的離婚：離婚父母只負擔財務上的支持及法律上的責任。
5. 精神上的離婚：夫妻貌合神離，想念前妻或前夫，甚至心中不可告人的幻想對象。

三、離婚的症候群（The Syndrome of Divorce）

不管男方或女方，離婚對其而言均是一生中最大的憾事，更會造成子女永遠的痛，也會造成男女雙方家族的困擾；因而青年男女從擇偶、訂婚、結婚均應謹慎、慎重，千萬兒戲不得，離婚對男女雙方均會造成很多、很大、很久的傷痛，其離婚症候群如下：

(一) 羞辱與退縮

離婚後男生、女生均會有羞辱感，畢竟離婚在目前台灣社會，並不是一件光彩的事，舉手投足間也會出現退縮現象。

(二) 罪惡感

會造成離婚，畢竟男女雙方都有錯，因而冷靜省思後，均有罪惡感。

(三) 失落感

離婚後忽然感覺人生以前擁有的，失去了一大半，如朋友、親人、財產，而有失落的感覺。

(四) 失望、消沉

離婚後，頓時感覺人生失望無助，並有意志消沉現象。

(五) 矛盾

離婚後會有空虛失落感，因而感覺和以前生活差異很大，而有懷疑自己的決定是否正確的矛盾感。

(六) 憤怒、粗暴

離婚後可能因對以前的不滿或離婚引起情緒性的暴躁，而有憤怒與粗暴現象。

(七) 行爲偏差

很多夫妻一旦離婚，沒有另一半的相互扶持、鼓勵與約束，日常生活容易變調，而走上行為偏差道路，如酗酒或賣淫。

(八) 解脫

離婚一定有其非常不滿意對方的原因，想與對方切割關係甚至一刀兩斷，因

而有解脫桎梏的感覺，生命獲得解脫。

(九) 焦慮、自殺

很多夫妻一旦離婚，生活頓時失去信心，沒有依靠、沒有安全感，而產生焦慮不安與憂鬱惡習，且會有自殺或不滿的傾向。

四、離婚率（Divorce rate）

離婚率表示一個國家結婚夫妻結束婚姻法律關係的比率，台灣的離婚率是亞洲第一，這是強調台灣離婚現象的普遍性，國人均應深自反省。人口學者對離婚率的計算有三種主要的指標：

1. 觀察離婚對數的變化，每年增加或減少。
2. 以離婚人口數除以總人口數。
3. 以一年中離婚對數除以結婚對數，如一九九二年有 169,234 對結婚，29,191 對離婚，離婚對數除以結婚對數，得 17.248％ 。

其中以第三種描述最為驚人，也最常被一般人所引用；在台灣離婚的對數不斷增加，也看出結婚對數之比逐漸下降，與目前台灣社會普遍存在的諸多社會問題、社會亂象有密切關係，如單親家庭、隔代教養、青少年問題、治安惡化、中輟生現象日趨嚴重。離婚率在台灣各縣市間也有明顯的差別，如表 3-3 及表 3-4 所示，由表 3-3 可明顯看出，台閩地區離婚對數比，由光復初期一九五一年的 19.1：1 到一九九一年變為 5.7：1，再演變到二〇〇一年 3：1，而至二〇〇四年已經飆到 2.09：1（許峻彬，2005）；同樣的，隨著歲月增加，台灣社會由單純樸實的農村，演變為繁榮的工商社會，而至社會問題重重的資訊社會，形成社會問題與離婚問題齊頭並進，因而政府為求有效的防止社會問題產生，宜從婚姻關係、夫妻問題、家庭問題著手。

由表 3-4 可知，台北縣、基隆市、新竹市、台中市、嘉義市、台南市、台北市、高雄市的離婚對數比均明顯偏高，可見離婚率與當地人口結構、社會生活型態、犯罪率有關。

▽表 3-3　**台閩地區歷年結婚離婚對數比**

年度	總人口數（千人）	結婚對數	離婚對數	結婚：離婚
1951	7869	73,676	3,858	19.1：1
1956	9390	76,268	4,537	16.8：1
1961	11149	83,797	4,487	16.7：1
1966	12992	95,879	4,915	19.5：1
1971	14994	106,812	5,310	20.1：1
1976	16508	152,090	8,173	18.6：1
1977	16813	154,483	9,242	16.7：1
1978	17135	163,313	10,630	15.4：1
1979	17479	152,807	12,398	12.3：1
1980	17805	174,742	13,472	13.0：1
1981	18135	167,165	14,877	11.2：1
1982	18457	131,536	16,905	9.6：1
1983	18732	158,295	17,520	9.0：1
1984	19012	155,052	19,013	8.2：1
1985	19258	153,562	21,159	7.3：1
1986	19454	145,591	22,384	6.5：1
1987	19672	146,076	23,054	6.3：1
1988	19903	155,321	25,007	6.2：1
1989	20107	158,016	25,097	6.3：1
1990	20352	142,756	27,445	5.2：1
1991	20556	162,766	28,287	5.7：1
1992	20752	169,461	29,205	5.8：1
1993	20917	157,780	30,200	5.2：1
1994	21177	170,864	31,899	5.4：1
1995	21357	160,249	33,358	4.8：1
1996	21525	169,424	35,875	4.7：1
1997	21743	166,216	38,986	4.3：1
1998	21928	140,010	43,729	4.6：1
1999	22092	175,905	49,157	3.6：1
2000	22276	183,008	52,755	3.5：1
2001	22405	167,157	56,628	3.0：1
2002	22520	173,343	61,396	2.8：1

說明：內政部多項人口統計資料。

資料來源：彭懷真（2003：136）。

▽表 3-4　台閩地區各縣市結婚離婚對數比

縣市別	結婚			離婚			
	對數	粗結婚率（0/00）	可婚人口結婚率（0/00）	對數	粗結婚率（0/00）	有偶人口離婚率（0/00）	離婚結婚比（0/00）
台閩地區	172,655	7.69	22.00	61,213	2.73	6.13	354.54
台北縣	29,056	8.01	22.18	11,023	3.04	7.02	379.37
宜蘭縣	3,334	7.17	20.94	1,146	2.46	5.46	343.73
桃園縣	15,115	8.50	26.17	5.556	3.13	7.12	367.58
新竹縣	3,793	8.44	27.68	1.251	2.78	6.05	329.82
苗栗縣	4,353	7.76	23.48	1.405	2.51	5.43	322.77
台中縣	10,938	7.26	21.70	3,545	2.35	5.34	324.10
彰化縣	9,457	7.19	21.68	2,288	1.74	3.80	241.94
南投縣	4,030	7.44	21.89	1,255	2.32	5.04	311.41
雲林縣	5,790	7.79	23.59	1,542	2.07	4.32	266.32
嘉義縣	4,523	8.04	24.43	1,206	2.14	4.32	266.64
台南縣	7,850	7.09	20.75	2,448	2.21	4.73	311.85
高雄縣	10,030	8.12	23.03	3,450	2.79	6.18	343.97
屏東縣	7,138	7.86	22.37	2,393	2.64	5.83	335.25
台東縣	2,060	8.43	21.56	714	2.92	7.04	346.60
花蓮縣	3,332	9.45	24.29	1,180	3.35	8.10	354.14
澎湖縣	708	7.67	21.57	185	2.00	4.33	261.30
基隆市	3,192	8.16	22.01	1,363	3.49	8.12	427.01
新竹市	3,063	8.15	24.75	1,024	2.72	6.12	334.31
台中市	7,210	7.28	21.43	3,280	3.31	7.75	454.92
嘉義市	1,884	7.03	19.99	725	3.71	6.26	384.82
台南市	5,053	6.80	18.43	1,930	2.60	6.08	381.95
台北市	18,942	7.18	19.60	7,390	2.80	6.32	390.14
高雄市	11,360	7.56	20.20	4,841	3.22	7.51	426.14
金門縣	395	6.82	19.97	53	1.10	2.36	162.03
連江縣	49	5.56	16.27	9	1.02	2.08	183.67

說明：1. 可婚（未婚、離婚、喪偶）人口及有偶人口係指十五歲以上人口。

2. 離婚結婚比係指當年離婚對數較當年結婚之千分比例。

資料來源：彭懷真（2003：138）。

五、離婚的原因（The Reasons for Divorce）

青年男女在擇偶前左尋右覓、苦思良策，約會時緊張刺激、得失心強，戀愛時海誓山盟、甜蜜回味，新婚時恩恩愛愛、相愛恨晚，婚後數年爭爭吵吵、紛紛擾擾，最後自恨遇人不淑、勞燕紛飛……其實每一對離婚夫妻，可寫成一篇篇驚天動地的故事，其背後隱藏著很多很多不為人知的離異原因。據 Goode（1963）研究西方社會離婚現象，發現西方社會離婚率持續上升中；社會學者研究整體社會結構時發現，都市化、工業化、社會控制、社會連帶因素均與離婚率有關，就微觀而論，美國學者 Miller 與 Moore（1990），曾研究美國社會高離婚率的主要因素有：

1. 年齡太輕結婚，尤以不滿二十歲即成婚者最為明顯。
2. 從認識到結婚期間太短，例如不到兩年。
3. 婚前交往時期太短，以不到半年最為明顯。
4. 父母的婚姻不快樂。
5. 親友明確表示不同意這段婚姻。
6. 背景的明顯差異。
7. 宗教信仰不同。
8. 求學階段有輟學經驗。
9. 未能建立良好的社會參與。
10. 對丈夫和妻子角色義務的認定有異。
11. 社會連帶較弱（social bonds）。

根據學者 Calhoun、Light 與 Keller（1996）的研究離婚現象，發現下列群體的離婚率較高：

1. 居住在都市地區者。
2. 夫妻均工作，但收入並不高者。
3. 妻子對家事分工採平權態度，但丈夫沒有。

4. 夫妻均無強烈的宗教認同。
5. 夫妻均是自由主義者。
6. 夫妻均對生命採取悲觀主義者。
7. 雙方或一方的父母有離婚紀錄者。

作者根據多年實務工作經驗，發現除了上述原因外，尚有：

1. 性功能問題。
2. 身體病弱。
3. 夫妻分居二地（岸）。
4. 行為偏差怪異。
5. 情緒不穩成熟度不足。
6. 經濟危機。
7. 法律制定的離婚要素。
8. 家族不合亦是離婚的主要原因。

我國在《民法》判決離婚的原因，依二〇〇三年六月二十六日總統修正公布之《民法》第一〇五二條規定：夫妻之一方，有以下情形之一者，他方得向法院請求離婚：

1. 重婚者。
2. 與人通姦者。
3. 夫妻之一方受他方不堪同居之虐待者。
4. 夫妻之一方對於他方之直系尊親屬為虐待，或他方之直系尊親屬之虐待，致不堪為共同生活者。
5. 夫妻之一方以惡意遺棄他方在繼續狀態中者。
6. 夫妻之一方意圖殺害他方者。
7. 有不治之惡疾者。
8. 有重大不治之精神病者。
9. 生死不明已逾三年者。

10. 被處三年以上徒刑或因犯不名譽之罪被處徒刑者。

彭懷真（2003）參考國內學者，分析夫妻離婚的原因看法，如表 3-5 所示。

六、離婚的影響（The Impacts of Divorce）

青年男女婚前戀愛甜蜜，彼此為愛充昏了理智與理性，在戀愛滋味中似乎一切都很好，情投意合海誓山盟，才走上結婚禮堂，並感覺相識恨晚、相愛恨遲，但婚後由於日夜相處新鮮感不再，而發現彼此缺點多多，追根究底就是她（他）們缺乏對擇偶、婚姻的重視，對婚姻的真意認識不足，視婚姻如兒戲，最後走上離婚之路，造成一生無法彌補的憾事，而形成全輸的局面，其影響之大難以想像。

英國學者 Wallerstein 與 Blakeslee（1989）長期探討離婚影響，證實離婚會產生持續性的創傷，往往留下永久性的後悔，造成壓力不快樂和生活障礙；Clapp（1992）研究指出：離婚是除了喪偶之外，人生最大的壓力事件。

在 Wallerstein 與 Blakeslee 的研究中指出，離婚時做妻子和做兒女的是較大的受害者，所受創傷持續時間較長，平復時期需要較久，做丈夫的則受苦較輕較短。社會學者研究可能的原因如下：

1. 社會結構：女性社會地位普遍較男性為低，所得亦較男性為低，生活品質難以維持。
2. 文化（culture）方面：男人再婚的比率較高為百分之五十五，而女人再婚比率只有百分之十六，而男人再婚對象又更年輕。
3. 功能的整合：子女的生活功能受影響，因子女畢竟是弱勢。
4. 社會行動：子女較易緊張、仇恨、人際關係差。
5. 權力：妻子、子女常是弱勢，可運用的權利或力量較少，因而常受暴力。

離婚造成生涯規劃的錯亂、家庭的解組、子女頓時的不知依靠、夫妻的反目成仇家族的困頓，整個生活步調的大亂，一般來說必然會面對的問題，整理如下：

(一) 經濟問題

如果離婚婦女平日沒有工作，她可能馬上面臨家計問題，而她是否具有從事

▽表 3-5　夫妻離婚因素分析表

原因	高淑貴 一九七九	孫敏華 一九八一	曲同光 一九八一	戴傳文 一九八三	藍采風 一九八七	彭懷真 一九八八	謝高橋 一九八九	林蕙英 一九九二	彭駕騂 一九九四	學者提 出次數
工業化		V								1
女性地位提高		V	V			V				3
外遇機會增多	V	V		V	V	V		V		6
離婚漸被接納		V	V							2
家庭功能低落		V	V				V			2
道德和宗教約束力減弱			V			V	V			3
法律容忍度增加						V	V			2
社會控制力弱						V	V			2
生育控制、子女數少	V						V			2
社會流動增加							V			1
社會異質性大							V		V	2
婆媳及姻親困擾				V	V			V		3
家庭財務問題	V			V	V			V	V	5
配偶不良嗜好	V			V	V				V	4
個性不合	V			V	V			V		4
溝通不良				V	V					2
對子女管教分歧				V	V					2
沒有感情					V			V		2
不成熟					V				V	2
虐待					V			V		2
父母婚姻狀況不佳									V	1
奉子女之命結婚									V	1
都市地區									V	1
婚前同居						V			V	2
性生活不和諧								V		1
丈夫不願負擔家計								V		1
長期分離	V									1
夫妻生活壓力大						V				1
一方飛黃騰達	V									1

資料來源：彭懷真（2003：144）。

某種工作的能力，或者需要一段職業訓練的時間，才能順利找到工作，而離婚的丈夫也是不好過，有時他還必須負起前妻和子女的生活費用，而且頓時家務事也沒人協助，有時又需要花一筆費用請人幫忙整理家事。

(二) 居住問題

離婚夫妻住的方面也是一大問題，在台灣社會，往往離婚大半均是妻子先提出，勢必妻子要搬離原來社區或搬回娘家，尤其有子女者更造成居住的大問題，原來社區親戚朋友已熟，而且馬上面對子女學區的轉移，子女的教育轉學適應，及新住社區就業的問題。

(三) 孩子的問題

孩子怎麼辦？怎樣安排對她們是最好的？孩子是跟母親住或跟父親住？這都是很大的問題。跟丈夫或妻子住均各有利弊，但因父母離婚不管跟誰住，均已對子女造成很大的傷害，而且子女對適應新的生活方式，或新的學校、新的班級同學，要有一段很長的調適期。

(四) 生活重組問題

往日家庭生活已有一貫的生活模式，遇到問題有人相互扶持、相互鼓勵、相互關心，頓時失去生活重心，全家大小勢必一團紊亂，要歷經一段漫長的重組期。

(五) 社會現實問題

離婚後，遇到舊識親朋好友或長官同事，有苦難言，相遇時更難以啟口，開門跨出第一步，就怕別人以異樣眼光看待，尤其更怕別人提及家庭問題。

(六) 其他

離婚所造成的問題相當多，其影響層面廣大，而且非短暫時間可以恢復，如：家族相處、財產處裡、子女教育、子女的監護權……等，夫妻離婚後生活也有很大改變，學者 Davidson 與 Moore（1992）分析如表 3-6 所示：

▽表 3-6　離婚後生活模式之改變

生活方式的改變	妻子	丈夫
社會活動的參與		
參與更多	39%	35%
沒有改變	39%	50%
較少參加	22%	15%
親友的來往		
來往更密切	37%	25%
沒有改變	52%	60%
較少來往	10%	15%
離婚後的收入		
比以前少了很多	48%	7%
少一點	18%	12%
差不多一樣	27%	57%
比以前多了一點	6%	17%
比以前多了很多	1%	7%

資料來源：Davidson 與 Moore（1992: 476）。

第七節　婚姻諮商、婚姻輔導與婚姻治療

婚姻的問題層出不窮，婚姻壓力是多數夫妻都能體認的，且壓力來源愈來愈複雜，壓力也愈大，有婚姻危機感的人也愈來愈多，社會上許多領域、許多機構逐漸被期待提供各項有關婚姻的服務和協助。臨床心理學家、精神科醫生、社會工作員、婚姻諮商、教牧諮商、家庭教育中心、家扶中心……等紛紛成為婚姻輔導的主要人力。婚姻輔導是增強夫妻間的親密關係，與婚姻諮商和婚姻治療有別，分述如下：

一、婚姻諮商（marriage counseling）

婚姻諮商不是要替夫妻解決婚姻問題，而是協助夫妻或家人發展新的溝通能力或看事情的角度，協助走出婚姻問題或困境（彭駕騂，1994）。

彭懷真（2003）指出婚姻諮商是指對婚姻關係發生困難者所做的諮商，在婚姻諮商範圍內，大致分為三類問題：1.婚前諮商；2.離婚諮商；3.婚姻關係諮商。

二、婚姻輔導（marriage guidance）

彭駕騂（1994）認為婚姻輔導主要是為了提高婚姻的滿意度，滿意度的內容包括：1.夫妻人格特質相輔相成；2.夫妻能相知愈多，相許愈深；3.夫妻成長差距縮小；4.合力改善家庭經濟狀況；5.夫妻在一起的時間拉長，相伴量增多；6.夫妻關係更加和諧。

彭懷真（2003）認為婚姻輔導是針對準備結婚或已婚者所做的輔導工作，婚姻輔導的內容相當廣泛，包括性知識、夫妻相處之道、子女的教養態度……等。

三、婚姻治療（marriage therapy）

彭懷真（2003）認為婚姻治療是屬於心理治療的方法之一，婚姻治療的對象不是個人，而是婚姻當事人的夫妻的關係，協助夫妻二人改善他們之間的關係。

曾端真（1991）指出，婚姻治療是指治療者為協助個體解決婚姻生活中的各種困擾，以及其與配偶之間的衝突所進行的心理治療過程。

婚姻原來是快樂美好的一種社會制度，夫妻兩人因相識、相戀、相愛而結婚，但願永生相惜共同創造經營幸福美滿家庭，生生不息而能家齊而後國治，國富而後民強；但若婚姻旅程中發現有問題，即應透過諮商師、社工人員、精神治療師提供專業建言，協助走出婚姻困境及夫妻生活的陰霾，若沒有改善則應夫妻攜手尋求婚姻輔導，改善夫妻二人對婚姻的滿意度，增加夫妻甜蜜生活增進夫妻生活樂趣，若未改善則需進一步進行婚姻治療，千萬不可輕易談到離婚，畢竟一生非凡的成就，絕對無法彌補婚姻的失敗及家庭的破碎。

格言集

夫妻相處格言：

忍一時風平浪靜，退一步海闊天空；
生氣前先反省自己，冷靜時要心存感恩。

治家格言：

失敗的婚姻造成一生的失敗、家庭的災害；
成功的婚姻正是夫妻的光彩、兒女的好將來。

問題與討論

1. 台灣的外籍新娘幫助台灣社會生出很多新台灣之子，政府應如何從事教育、文化、民俗……等的改造，以有效因應？
2. 何謂婚姻六禮？訂婚六禮？結婚注意事項有哪些？
3. 今有一富豪幾乎富可敵國，但家族有一奇特現象就是早婚，若今又有一年幼的兒子說：「爸爸！我要結婚了」。您若是父親或母親該如何處理較好？
4. 請您向當地民政局或戶政事務所調查，一般人離婚的主要原因是什麼？請寫出婚姻危機的原因？將來如何預防？

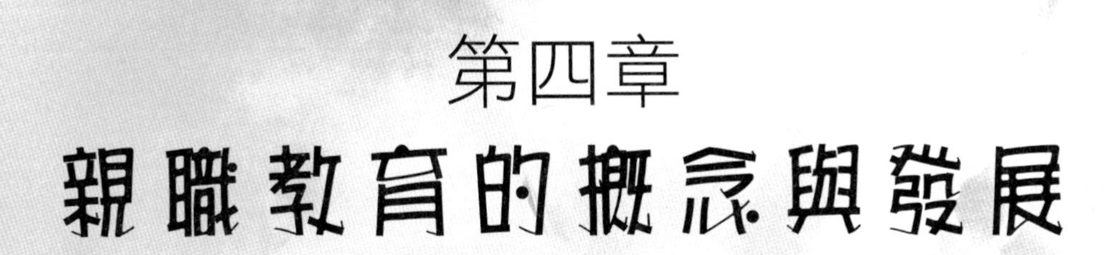

第四章

親職教育的概念與發展

第一節　親職教育的意義、功能與重要性

一、親職教育的意涵

親職教育（parents education）是成人教育的一部分，以父母為教育的對象，以增進父母管教子女的知識能力，和改善親子關係為目標，有正式與非正式的學校親職教育專家（parents specialist）所開設的終身學習課程（林家興，1997）。

林敏宜、邱書璇、林秀慧、謝依蓉、車薇（1998）認為親職教育是指協助為人父母或即將為人父母者，瞭解自己的職責，提供有關兒童、青少年發展的知識及正確的教育態度，以使其得以扮演適當的教育過程；簡言之，親職教育是教人如何成功地為人父母的教育。

綜合而言，親職教育受時空背景影響，具有下列五項意義：

1. 親職教育的對象是為人父母、即將為人父母或有實際教養未成年青少年、兒童的人，如祖父母、教師、幼兒托育員、保育人員。
2. 親職教育的目的是增進父母管教子女的知能，扮演良好父母的角色，並改善親子關係。
3. 親職教育的內容是有關兒童、青少年發展的知識及良好的教育態度，及成功父母的知能。
4. 親職教育的特性：它是成人教育的一環，更是終身學習的一部分，隨時、隨處均可學習，是自願性、實用性、即時性、延續性及永久性的教育。
5. 親職教育的機構與人員：親職教育一般均由正式教育單位所開設的正式課程，或由非正式教育單位如文教基金會、救國團所開設的短期課程或講習會。

親職教育是終身學習教育的一部分，而且可由知識學理及經驗學習而得，它沒有一定的標準，更是一門學無止境兼具藝術化的學問。

二、親職教育的功能

科技的進步、社會的複雜，人們的生活型態、生活方式的快速改變，人們的心理距離拉遠，使得社會家庭和諧難以持續，青少年犯罪問題如吸毒、自殺、暴力、搶劫、幫派……等日益嚴重，犯罪年齡層持續降低，犯案人數屢創新高，犯罪手法日益精進，不禁讓我們感嘆，這個社會到底怎麼了？

依作者多年實務研究經驗，認為應從親職教育著手；且深深感覺，時代變化愈快，更應讓親職教育成為一種全民運動，因為親職教育可使得人人成為成功有效能的父母，才能合組溫馨幸福的家庭，培育優良的國家未來主人翁，發展和諧有愛的社會，使國家更有競爭力；由此可見親職教育的功能多元，且影響每位國民、家庭、社會而至國家。

親職教育在消極面的功能，可幫助父母改善親子關係，使親子溝通順暢、家庭和諧，不致分崩離異；積極面的功能則可增進父母效能、強化親子關係，預防青少年問題的發生，發展兒女潛能，使得家庭充滿和樂希望，改善社會風氣，改造國家形象，提升競爭力。

三、親職教育的重要性

林敏宜等（1998）指出，美國教育家陶森（F. Dodson）說過，生育和撫育是兩回事，生育了小孩以後，並不是自然地就具有撫育子女的智慧與本領，要想善盡為人父母的天職，亟需澈底的瞭解兒童的成長過程。許多父母只從經驗中，用許多的錯誤經驗換來這份瞭解，其實如果事先就對親職教育、兒童發展下點功夫，有許多的錯誤是可以避免的；事實上，為人父母者絕大多數均是複製早期自己父母教養兒女的經驗，從經驗中再施予自己兒女身上，因而屢屢造成兒女的不滿與反叛、背離社會主流、夫妻的不合，甚至引起家庭的解組。為人父母者常常會說：「我這個孩子，我無法教了，很不受教。」或說：「社會怎麼了！怎麼現在青少年變成這個樣子！」此時才發現親職教育的重要，但已為時太晚了，今從各種角度探討親職教育的重要性如下：

(一) 就兒童、青少年而言

親職教育增強了父母的效能，為人父母者有了養兒育女的知能，自然能培育較為優質的下一代，更能防止問題青少年的發生，並能因材施教、因人適性的撫育教養，造就良好的未來主人翁。

(二) 就父母而言

孩子是父母一生最大也是最重要的期望，培育優質的下一代比賜給兒女金山銀山更為重要，因而透過良好的親職教育，可使父母瞭解自己職責所在，學習成為有效能的父母，增進養兒育女知能，教育兒女應有的知識、態度與方法，賦予兒女合宜的期望與輔導，培育量精質優的下一代，也成就了父母最大的願望。

(三) 就社會家庭而言

父母擁有親職教育的知能，瞭解親職教育的重要性，為人父母會以身作則充實自己，教養兒女成才成器，夫妻共同組合幸福美滿家庭，家中充滿和樂，人人充滿希望與未來，家有祥和氣氛，家家戶戶和樂融融，社會充滿愛心與活力，如此是父母的成就，也是社會最大的財富，這個社會溫馨有愛充滿競爭力。

(四) 就學校而言

學校教育的成功需要親職教育和社會教育的配合，現今社會因家長過於忙碌，親職教育理念不足，養成家長以為用錢就可以解決孩子一切的問題，早上將兒女送進學校，晚上由安親班教師帶回，對於子女的課業、生活、情緒、行為反應不加聞問，以為有老師照顧就可以了，認為用錢就能教育好孩子，這種偏差的觀念，往往造就出子女長大後的偏差行為；相反的，善用親職教育資源，發揮父愛母愛用心照顧兒女，以正確教育理念配合學校教育，相輔相成，相信兒女在家是好孩子，在學校也是一位品學兼優的好學生。

(五)就社會國家而言

問題青少年產生於家庭，顯現於學校，惡化於社會，弱化了國家；可知父母若有良好的親職教育理念，自然會把兒女培育良好，發揮兒女的長才，將來更能使社會更為進步，社會充滿生生不息的活力，營造溫馨、有愛有情的氛圍，處處朝氣蓬勃、充滿競爭力，自然國富而民強。

綜合而言，親職教育可增強父母效能，認清父母應有職責，父母同心組織健康溫馨的家庭，培育國家未來的主人翁，社會祥和而有活力，恢復中華固有文化——美德仁義禮讓，使幼有所育、老有所養，年輕人努力向上，國家自然一定強，因而親職教育在愈發達的社會它更受到重視，更能發揮親職教育的功能。

第二節　親職教育的目的與限制

一、親職教育的目的（The Purpose of Parents Education）

時代不停的在改變，社會文化也不停的在變化，親職教育的目的同樣受到社會演變與發展而影響，親職教育應跟著時代脈動腳步而作調整，但綜合而言，就是要調教出更為優質的未來國家主人翁，建立更溫馨和諧的家庭。

1. 整體目的是增加父母效能，促進家庭幸福培育優質下一代，帶動社會國家長期的發展。
2. 就教學目的而言：除親職教育的知識技能外，更應重視父母的學習態度與情緒的管理。
3. 協助未婚青少年，瞭解親職教育真諦，以便來日成為有效能的父母。
4. 協助為人父母者或實際教養兒童、青少年者如隔代教養的祖父母，以及從事兒童及青少年教育撫育工作者，如中小學教師、幼稚園、幼托老師，安親班、課後輔導班教師，改善親職教育知能，發揮更有效的教學功能。

二、親職教育的限制（The Limitation of Parents Education）

親職教育給予父母正確有效培育兒女的知能，但並非是解決兒女所有問題的萬靈丹，親職教育也有其限制與困境，茲分述如下：

(一) 親職教育改變父母的理念與知能，並重視有效的實踐，因而成效緩慢

一般為人父母者其年齡層約在二十五歲左右，從小耳儒目染看著父母，複製著父母的角色與理念，因而要再改變而接受另一種新的思維較為不易，更何況兒女本性、特質各異，難以適用在所有兒女身上，且成效極為緩慢。

(二) 親職教育是一門終身學習學無止境的教育

親職教育隨著時代演進而有新的理論發展與演變，更何況兒女成長的每一階段，所需教育撫育的知能也不同，需要不同的親職教育內容，實施方式也有不同，因而它是終身學習學無止境的教育。

(三) 親職教育無法替代父母角色，更無法接替父母去管教子女

親職教育是一門社會、人文、教育、自然與藝術的科學，提供父母教養不同階段子女的知能，但仍需父母身體履行、融會運用，它絕對無法替代父母來管教子女。

(四) 親職教育須知行合一，身教言教才能發揮功能

親職教育並非只有知識，它也有學習的態度與運用的知能，因而父母對親職教育須有知行合一的理念，更需身教、言教才能發揮其功能，使子女有良好的學習典範。

(五) 親職教育學理無法有效放諸四海而皆準的準則，需靈活運用通權達變

兒女具有不同的本性、天份、特長、心理變化，更何況家家戶戶文化不同、情境多變，因而難以一套知能，適用於不同的兒童及青少年。

第三節　社會變遷與家庭

隨著社會不停的變遷，家庭的型態、家庭的功能，家庭在整體國家社會中所占的地位角色也有所改變。

一、家庭型態的改變

由於社會的演進分化，人們思想生活習慣也有所改變，由傳統的大家庭、三代同堂、四代同堂，演變為今日普遍存在的核心家庭，甚且社會中亦出現，猶如人民公社般的百人共同生活的超大家庭，或不想生育、不想擁有小孩的頂客家族。

二、家庭照顧保育功能的轉變

傳統的社會普遍存在著大家庭，一般男主人出外工作，兒女保育照顧的工作落入女主人身上，或者夫妻共同外出工作，兒女仍可由長輩來照護，傳統的家庭在子女成長過程中，扮演著極為重要的角色，兒女在父母長兄的呵護下過著快樂無憂的童年生活。而今工業資訊社會，家庭型態演變為核心家庭，白天父母外出工作，兒女的托育、保育成為一大問題，因而托兒所、安親班、課後輔導班、幼稚園相繼興起，替代了部分父母的角色功能。

三、家庭娛樂功能的轉變

傳統社會生活單純，社會上幾乎很少有不良場所或娛樂場所，祖父母、父母與兒孫相處，天天與大自然為伍，上山下海或玩泥巴捉泥鰍，自製各式童玩，各得其樂，其樂也融融；社會工業化後，父母每天忙著生活外出工作，兒女只能看電視或找幼稚園、才藝班或娛樂場所如電動玩具店、網咖，分攤家庭娛樂的功能，童年生活也由大自然轉而以電子化設備為主，很多活動也由戶外走向室內。

四、家庭生育功能的轉變

傳統社會流行大家庭生活，俗話說：「人多就會旺，人多就是福」、「多子多孫多福氣」；家庭的首要任務就是傳宗接代、生兒育女，共享天倫之樂。而今社會思想轉變，社會壓力日增，個人主義興起，享樂觀念日興，養兒防老觀念日趨淡薄。目前台灣社會面臨生活痛苦指數年年增加，很多家庭繳不出學雜費、午餐費，養育一位兒女要付出龐大費用，付出更為龐大的心力。使得結婚夫妻不敢生兒育女，生育率直直下降，由一九五一年總生育率為 7.04‰，到二○○四年的 1.18‰（如表 4-1），台灣的人口總數也於二○○五年十二月二十六日宣布為零成長（孫中英，2005）。

五、家庭問題複雜化、多元化

傳統的社會生活單純，兒女與父母、祖父母共同生活，家庭教育的功能顯著，家庭問題單純、家庭倫理根深蒂固，家庭的問題也在長輩的勸說輔導下很容易自然迎刃而解；而今工業化社會問題複雜而多元，核心家庭林立家庭倫理漸失，家中長老失去了穩固的長者地位，父母面對生活壓力，必須天天外出工作，社會環境又複雜、不良社會誘因又多，導致很多家庭問題層出不窮，如夫妻感情問題、外遇、紅杏出牆、家庭暴力、問題青少年、吸毒、中輟、搶劫……等，家庭問題的層出不窮，帶來社會治安的敗壞。

社會的變遷是無法抵擋的事實，但社會的變遷並非全然不好，在變遷的社會中，政府應更重視親職教育家庭教育的功能，設法強化家庭功能，政府更應該盡力推廣親職教育，讓親職教育帶動家庭成為國家社會主要的穩定力量。

第四節　親職教育的發展

有了人類就有了家庭，有了家庭自然就有兒女的存在，也自然的形成一獨特

▽表 4-1　台閩地區歷年育齡婦女一般生育率、年齡別生育率及總生育率

（按發生日期統計）　　單位：千分率

年別	一般生育率	年齡別生育率							總生育率
		15～19	20～24	25～29	30～34	35～39	40～44	45～49	
民國三十八年（1949）	176	61	241	290	264	186	111	27	5,900
民國三十九年（1950）	181	61	246	297	269	191	112	30	6,030
民國四　十年（1951）	211	68	287	350	311	226	132	34	7,040
民國四十一年（1952）	198	53	272	342	294	220	113	29	6,615
民國四十二年（1953）	194	48	265	336	292	218	108	27	6,470
民國四十三年（1954）	193	48	263	334	292	218	104	26	6,425
民國四十四年（1955）	197	50	273	341	295	219	103	25	6,530
民國四十五年（1956）	196	51	264	340	296	222	105	23	6,505
民國四十六年（1957）	182	45	249	325	275	197	92	17	6,000
民國四十七年（1958）	184	43	248	336	281	199	90	14	6,055
民國四十八年（1959）	184	46	258	334	270	190	86	14	5,990
民國四十九年（1960）	180	48	253	333	255	169	79	13	5,750
民國五　十年（1961）	177	45	248	342	245	156	71	10	5,585
民國五十一年（1962）	174	45	255	338	235	145	65	10	5,465
民國五十二年（1963）	170	41	252	337	231	139	60	10	5,350
民國五十三年（1964）	162	37	254	335	214	120	52	8	5,100
民國五十四年（1965）	152	36	261	326	195	100	41	6	4,825
民國五十五年（1966）	149	40	274	326	188	91	38	6	4,815
民國五十六年（1967）	129	39	250	295	158	70	28	4	4,220

▽表 4-1　台閩地區歷年育齡婦女一般生育率、年齡別生育率及總生育率（續）

（按發生日期統計）　　單位：千分率

年別	一般生育率	年齡別生育率							總生育率
		15～19	20～24	25～29	30～34	35～39	40～44	45～49	
民國五十七年（1968）	131	41	256	309	161	68	26	4	4,325
民國五十八年（1969）	124	40	245	298	151	63	23	4	4,120
民國五十九年（1970）	120	40	238	293	147	59	20	3	4,000
民國六　十年（1971）	112	36	224	277	134	51	16	3	3,705
民國六十一年（1972）	104	35	208	257	117	41	13	2	3,365
民國六十二年（1973）	101	33	203	250	105	37	12	2	3,210
民國六十三年（1974）	94	32	193	228	91	33	10	1	2,940
民國六十四年（1975）	92	34	191	212	80	26	8	2	2,765
民國六十五年（1976）	105	38	213	241	88	28	8	1	3,085
民國六十六年（1977）	95	37	194	206	73	23	6	1	2,700
民國六十七年（1978）	96	36	194	213	74	20	5	1	2,715
民國六十八年（1979）	96	35	195	209	72	18	4	1	2,670
民國六十九年（1980）	91	33	180	200	69	16	4	1	2,515
民國七　十年（1981）	89	31	176	197	69	14	3	1	2,455
民國七十一年（1982）	85	29	166	186	66	14	3	0	2,320
民國七十二年（1983）	79	26	154	174	63	14	3	0	2,170
民國七十三年（1984）	75	23	144	169	60	13	2	0	2,055
民國七十四年（1985）	68	19	129	158	56	12	2	0	1,880
民國七十五年（1986）	60	18	112	140	52	12	2	0	1,680

▽表 4-1　台閩地區歷年育齡婦女一般生育率、年齡別生育率及總生育率（續）
（按發生日期統計）　　單位：千分率

年別	一般生育率	年齡別生育率							總生育率
		15～19	20～24	25～29	30～34	35～39	40～44	45～49	
民國七十六年（1987）	60	16	109	147	54	12	2	0	1,700
民國七十七年（1988）	64	16	111	164	64	14	2	0	1,855
民國七十八年（1989）	58	16	98	145	61	14	2	0	1,680
民國七十九年（1990）	62	17	100	159	69	15	2	0	1,810
民國八　十年（1991）	58	17	92	149	68	16	2	0	1,720
民國八十一年（1992）	57	17	91	148	72	16	2	0	1,730
民國八十二年（1993）	57	17	91	149	75	18	2	0	1,760
民國八十三年（1994）	55	17	87	148	79	18	2	0	1,755
民國八十四年（1995）	55	17	86	148	82	20	2	0	1,775
民國八十五年（1996）	54	17	83	145	84	21	2	0	1,760
民國八十六年（1997）	53	15	80	147	87	22	3	0	1,770
民國八十七年（1998）	43	14	66	116	73	21	3	0	1,465
民國八十八年（1999）	45	13	66	126	82	21	3	0	1,555
民國八十九年（2000）	48	14	72	133	90	24	3	0	1,680
民國九　十年（2001）	41	13	62	106	75	21	3	0	1,400
民國九十一年（2002）	39	13	57	102	73	20	3	0	1,340
民國九十二年（2003）	36	11	52	92	69	20	3	0	1,235
民國九十三年（2004）	34	10	49	86	68	20	3	0	1,180

說明：民國六十二年（1973）以前資料不包含金門縣及連江縣。
資料來源：內政部戶政司（2005b）。

的社會生活方式，產生親子的互動，在互動中自然就有親職教育的存在，因而可說地球上有了人類就有了親職教育。

一、歐美親職教育的發展

(一) 歐洲親職教育的發展

早在希臘時代，柏拉圖（Plato, BC427-347）和亞里斯多德（Aristotle, BC384-322）就已很注重幼兒教育，他們對於幼兒教育主張六歲以前就應開始，但是仍未提及父母教育之重要；一直到普魯塔克（Moralis Plutarch, 46-120）才正式提出親職教育的理念，在他的著作——《兒童的教育》（*The education of children*）一書中，認為兒童教育若要成功，最好由父母本身做起，因此如果家庭不穩固的話，那子女無幸福可言（林敏宜等，1998）；柯門紐斯（Tshu Amos Comenius, 1592-1670）在其《幼兒學校》一書中，強調家庭教育的重要，以不辭辛勞充滿愛心的園丁，來比喻父母親的角色；盧梭（Jean Jacaues Rousseau, 1712-1778）曾被譽為幼教之父，主因在於其著作《愛彌兒》一書中，主張應以自然的方式教導幼兒，讓幼兒在自然環境中成長，認為教育應以兒童為中心，注重兒童的個別差異與興趣。

裴斯塔洛齊（Johann Pestolozzi, 1746-1827）力倡貧民教育，特別強調母親角色的重要，敘述一位能幹賢慧的母親，懂得如何教育孩子；福祿貝爾（Friedrich Froebel, 1782-1852）是幼稚園的創始人，被稱為幼稚園之父，他將教師比喻為園丁，幼兒比喻為花草，而學校就像花園，三者同樣重要，他於一八三七年在德國成立世界上第一所幼稚園，但福祿貝爾強調幼稚園絕對無法替代家庭的功能，幼稚園只是家庭的一種教育輔助機構而已，它不能取代家庭的教育地位和功能；蒙特梭利（Maria Montessi, 1870-1952），主張教育要給孩子布置一個良好的環境，讓孩子能自由自在的活動與自由的發展，教導父母如何在家中為孩子實施蒙特梭利教學法。

德國於一九一七年設立母親學校，開始推行親職教育服務，於各縣市政府設有青少年局，負責有關親職教育的相關業務；至於民間團體，在德國亦有家庭教育中心的成立，提供有關親子溝通、親職教育的有關資訊，部分學校亦開設親職教育的相關課程。

英國流行小家庭，嬰幼兒的問題較多，有日間托育、臨時托育等機構，幼兒於三歲就可進入托兒學校（Nursery school），五歲就進入小學就讀政府提供的義務教育。親職教育的實施主要以社區為中心，因而社區普遍設有家庭中心（Family Centers），社區中亦有親職義工的成立，例如家庭教育開始計畫（Home-Start），由義工來教導即將為人父母者，並提供有關養兒育女的相關知識。

(二) 美國親職教育的發展

美國的親職教育由家庭生活教育轉型而來，早期由婦女之間相互學習，學習內容也以日常生活的知能為主，美國也因地域的不同、風俗民情有異，因而親職教育的範圍較為廣泛而多元。

美國幼兒教育受福祿貝爾教育理念影響，於一八五五年設立第一所幼稚園，並有全國親師協會（The National Congress of Parents And Teachers）的設立，一九一六年於芝加哥成立家長合作式的托兒所（Parent Nursery School），由孩童家長與教師合作，共同設計課程、教學內容與行政管理的推行，該制度的推行成效頗受肯定，因而美國各州在一九四〇年開始均積極推動家長合作式的托兒所。

美國前總統詹森（Lyndon Johnson），認為解決貧窮及抑制社會問題的產生應從教育著手，因而於一九六五年提出重視「提前就學方案」（The Project of Head Start），針對少數民族及文化不利經濟困難，處於不利地區的兒童實施「提前教育方案」，該政策對全世界幼兒教育產生重大影響；美國是多元種族積極開放的國家，因而美國教育強調培育每一位幼兒成為國家所需人才，於一九七〇年提出「適性教育方案」（The Project of Appropriative Education），針對兒童的個別差異提供符合其能力的適切教育方案。

美國教育重視在地化、歡迎各學區學童的父母、家長、仕紳的意見，並鼓勵

他們參與子女的教育過程，因而各州政府教育局局長，均由各區教育協會同意產生，因此美國親職教育發展蓬勃而多元化，學校也相當鼓勵家長的參與，並樂於推動親職教育，家長也樂於參與並配合，使得親職教育在美國發揮很大的功能，尤其美國社會在二十世紀面臨離婚率高及貧窮的陰影下，棄嬰、受虐、家暴案件持續升高，親職教育的理念及功能更為社會百姓所接受，政府也感知親職教育的重要性而努力的推行。

二、我國親職教育的發展

我國親職教育的發展可概分為二個階段，第一階段為中央政府在中國大陸時期，第二階段為中央政府遷徙台灣、定都台北以後的親職教育發展。

(一) 中央政府在中國大陸時期的親職教育工作

我國一向尊崇儒家學說，早期俗稱「禮儀之邦」，講究「本固而邦寧」，因為講究「本固」，自古以來即相當重視家庭教育，重視固有的良好道統，堯、舜、虞湯、文武、周公、孔子、孟子……等一脈相傳，古聖先賢有很多有關治國齊家格言，在西元初年便有〈大學篇〉、〈禮運大同篇〉、〈朱伯盧治家格言〉、《論語》、《中華文化基本教材》……等，均談及修身、齊家、治國、平天下的道理，可見修身、齊家的重要性，而修身、齊家就要從親職教育著手，早期有名的孟母三遷、岳飛精忠報國，不論孟母或岳母，均是我國親職教育最佳的推行典範。

我國政府於一九四五年公布的《家庭教育辦法》，其主要目的在加強倫理道德教育，改進國民生活以建立現代化的家庭。並於一九四六年在上海召開全國兒童福利會議，明示親職教育為促進兒童福利最基本的要素，所有兒童福利工作人員均應認真實施親職教育，健全親子關係。綜上而論，我國早期秉承中華文化優良道統，因而在社會組織上先從修身、齊家、治國而平天下，自然的家家戶戶重視親職教育的落實，各級政府機關也積極在推動親職教育的工作，因而治安良好社會呈現一片祥和的景象。

(二) 光復後中央政府遷台的親職教育工作

中央政府於一九四九年遷徙台灣定都台北，於一九六八年實行九年國民義務教育，並於一九六八年召開全國兒童少年發展會議，研訂《中華民國兒童少年發展方案綱要》，明確指出，為使兒童少年在社區中獲得正常發展，應加強家庭、社會及學校教育之密切合作，利用學校場所，對學生之父母實施親職教育，於一九八六年教育部頒訂加強民族精神教育計畫，運用親職教育、社會教育培養全民精神力量。中央政府定都台北後，在台灣推展親職教育最為盡心盡力的，首推一九七三年時擔任台灣省主席的謝東閔先生，他可稱為台灣親職教育之父，謝主席大力提倡母教的觀念，發布台灣省各社區推行媽媽教室實施要點，要點中分為六大類，分別是：推動各社區設立媽媽教室、展開家政教育指導、健康保健、生產習藝、康樂及社會服務等；更於一九七七年，於當時的私立實踐家政專科學校（實踐大學前身），設置媽媽教室輔導研習營，企圖培育各縣市的媽媽教室種子教師、親職教育的輔導老師，要求全國各公私立中小學也配合家長會、母姊會、班親會舉辦媽媽教室或親職教育有關的活動。

教育部於一九七六年，在全國教育會議中決議全面推行親職教育，並落實於各級學校，其後陸續於一九八〇年有《社會教育法》的訂定，明訂社會教育有輔導家庭教育和親職教育的任務。

在媒體部分，於各平面媒體陸續均有親職教育有關的專欄寫作，提供閱讀者有關親職教育資訊，更於一九八五年在教育廣播電台開闢有關家庭教育的課程，藉此提供良好的親職教育資訊，能與收聽者產生良性互動，近年來更於公共電視台推動製作有關親職教育的相關節目，鼓勵社會人士成立有關親職教育的文化基金會，推動很多親子活動、文化講座，讓親職教育活動向社區紮根，使親職教育活動活潑多元而有趣，提升了家長參與的動機與期待。

在教育行政系統中，最重視親職教育的，首推一九八〇年代的台灣省政府教育廳廳長黃昆輝先生。黃廳長自美國學成歸國，有感於美國社區參與學校校務的成功典範，及家長參與學校經營與教學輔導的成功先例，因而於擔任台灣省政府

教育廳廳長時，努力推行家長參觀教學日，鼓勵具有特殊專長的家長，也可參與學校教學，及家長參與學校各式活動，學校義工隊可協助學校設備維護、圖書整理、借閱或學生上下學交通安全導護，校外學區安全巡邏，甚至學生輟學的心理輔導工作，開啟了台灣省中小學結合社區家長共同經營校務的先鋒，通令全省各中小學推出家長聯絡簿，使班親會、親師座談會、家長會蓬勃的發展，帶動台灣省親職教育在各級學校推行落實的風潮。

格言集

親職格言：

與其把愛掛在嘴上，倒不如用行動來表示；
有了愛生命才顯得偉大，有了愛生活才出現意義。

治家格言：

家是全家人生活的重心，更是全家人的避風港；
順勢時它備感光彩，逆勢時它更感溫馨。

問題與討論

1. 親職教育的功能如何？有何重要性？您若即將為人父母，請問該如何發揮親職教育效用？
2. 親職教育關係著個人、家庭、社會和國家的發展，請問您如何能促使政府重視親職教育？
3. 現今生活工作壓力大雙薪家庭特別多，家長總是認為教育小孩是學校或安親班的事，您是第一線的教師，如何導正兒童的父母這種錯誤的觀念？

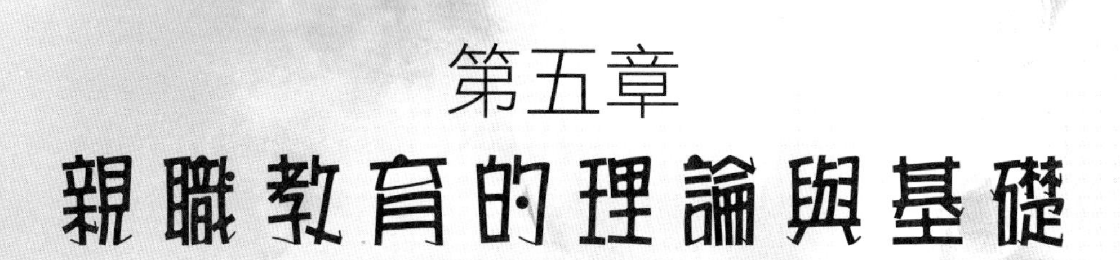

第五章

親職教育的理論與基礎

親職教育是把父母親當成一種職業來教育，須完成父母親的養成教育，才能勝任父母的職責，親職教育是成人教育的一環，從孕婦懷孕時的胎教、嬰兒出生時的撫育，嬰幼兒在成長時生理、心理、情緒、認知發展，而至兒童、國小、國中、高中、青少年發展期各階段的成長，人際互動、道德、品德、良好生活習慣、生活習慣的養成，均有深奧的學理與養成原理、親職的推行與親子的溝通互動、父母效能的增長，更關係著親職教育的成敗；本章謹就溝通理論、行為改變技術、道德理論、父母效能理論、認知發展論……等作深入淺出的分析。

第一節　溝通理論（Communication Theory）

親子關係是一個人一生中最早經驗到的關係，也是人際關係最重要的一環，假如這一層關係良好建立與發展，將可以成為其他人際關係的基礎；反之，親子之間如果常常衝突或冷戰，則對以後人際關係的發展，可能會有不良的影響或阻礙。父母是兒女的第一位導師，良好的人際關係可以幫助幼兒的語言發展，養成健全的人格，對於人際互動能力的提升有顯著的助益（徐西森、連廷嘉、陳仙子、劉雅瑩，2002）。即使嬰幼兒長大成人，溝通互動仍是影響一生成效很重要的因素。

一、溝通的意義

黃昆輝（2002）認為溝通（communication）是經由語言或其他符號，將一方的訊息意見、態度、知識、觀念乃至情感等傳達到對方的歷程。羅賓斯（Robbins, 2001）認為溝通是意義的傳達與瞭解的過程。

綜上而論，溝通應是經由語言、肢體語言或符號來傳達，將一方的訊息與另一方產生互動，並進而產生情感的交流；親子間的互動溝通良好，除了增進良好的親子關係，並能使子女人格健全發展。

二、親子溝通的要素與目的

(一) 溝通的要素（The Elements of Communication）

溝通除了當事者溝通時使用的工具媒介、環境均與溝通有關外，謝文全（2004）認為溝通的要素有六，分別為人（發訊者、收訊者）、訊息、媒介、管道、環境及回饋，這六個要素結合而形成一完整的溝通的流程，如圖 5-1 所示。

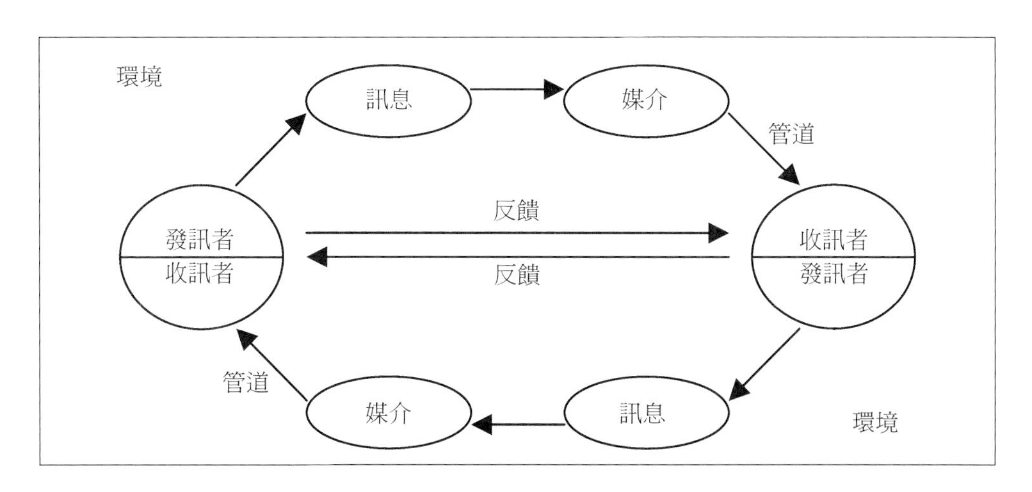

△圖 5-1　溝通的要素與流程
資料來源：謝文全（2004：210）。

由上圖可知，要產生良好的溝通而引發良好的互動，除了發訊者、訊息、媒介、管道、收訊者外，溝通的環境也相當重要，親子的互動要有良好的氣氛與和諧的環境，才能達成溝通的目的。

(二) 親子溝通的目的

親子的互動產生親子共識，自然能引發親子情感，促進幼兒情緒的穩定與知能的學習，發展健全的人格有助於青少年身心健康穩定的發展，因而親子溝通的目的如下：

1. 資訊的傳遞：親子良好的互動，資訊相互傳送，各自表達自己的思緒、

希望與需求，獲得身、心、靈的滿足。

2. 情緒的穩定：小孩在生活環境中是弱勢者，擁有的知能有限，人生閱歷不多，因而容易受環境刺激而惶恐，唯有透過良好的親子、親師互動，可使小孩情緒穩定，尤其嬰幼兒階段時易於受到驚嚇。
3. 知能的成長：從胎兒胎教、嬰幼兒開始，小孩日漸成長，日益茁壯長大成人，在人生的旅途中，可從父母身上學習到很多的知識、常識與能力的培養，成為日後家中優秀的一份子，更是國家社會未來的主人翁；相對的，在親子互動中，亦可促使父子相互學習與成長。
4. 人格健全發展：良好的親子互動，可使親子產生良好的感情，穩定小孩的情緒，拓展小孩良好的人際關係，在慢慢長大、日日學習中，建立自己健康的人生觀，使小孩人格健全穩定的發展與成熟。
5. 增進親子情誼：親子關係是世界上最純潔、最高貴、最誠摯的愛，父母對子女的愛無私無我，不計任何代價無條件的犧牲奉獻，甚至視子女比自己的生命更為重要，因此親子若能溝通產生良好的互動，其親子情誼血濃於水，絕對是世上最美好最純真的愛，也是一生中永難忘懷的記憶。

綜上而論，親子良好的溝通互動，需有良好的溝通要素，溝通要素的把握要在良好的溝通環境下，才能達成親子溝通的目的。

三、溝通的形式

溝通的管道（Communication Channel）有正式、半正式與非正式三類，以溝通流通方式分有下行、上行和平行三種，但親子的溝通一般以半正式與非正式及平行和下行居多。

溝通的種類有互補溝通，交錯溝通和曖昧溝通三者（林敏宜等，1998），茲分述如下：

(一) 交錯溝通，又稱交叉式溝通（Cross Communication）

溝通時刺激與反應，不在預期中或產生不恰當的反應，在溝通路線時呈現交叉，此時溝通可能會退縮逃避或停頓，也可能產生另一溝通方式，有時產生雞同鴨講，刺激與反應無法連結，而不符合溝通的原始動機。

(二) 互補溝通（Complementary Communication）

當刺激與反應可相互連結，而且刺激發生於某個自我狀態，即可在該自我狀態中收到反應，若是溝通採取開放態度，反應又是合乎原來刺激情境，合乎預期的反應，可使溝通更為明朗順暢而進步，溝通將會持續進行，並且使發訊者、收訊者均有一圓滿合意的結果，較能達成原始的溝通動機。

(三) 曖昧溝通（Obscure Communication）

曖昧溝通產生於兩種以上的自我狀態，發出訊息刺激的一方會隱含或暗示另一種自我狀態，常常使溝通的對方有不同的反應，其目的要誘使一方表露出隱藏於內心的訊息，而不直接作出刺激反應的連結，這種溝通方式心機重重，易於引發雙方的誤解容易產生誤會。

親子關係是世上最為純潔、最為可貴的人際互動，在多種溝通方式、溝通種類中，自然以半正式、非正式、身教、言教較多，在溝通時宜多採互補式的溝通來營造多贏的局面，在小孩不同成長階段，不同時空環境中宜採正向性、鼓勵性的溝通情境方式；在與青年男女或學童的父母親溝通時，也應運用溝通原理善用溝通技巧，多親近、多感謝、少批評、少抱怨來表達彼此的立場，找出最好的解決問題之道，做好良性有效的溝通，辦好親職教育工作。

第二節　行爲改變技術

親職教育工作，無論從培養兒童生活知能、良好行為，或矯治兒女不良習慣，建立為人父母者正確的教養子女理念，均與行為改變技術（behavior modification technique）有關，甚至擔任親職教育工作的教師，也均需對行為改變技術有深入

的瞭解，才能導引學生良善的行為，培養為人父母者正確的人生觀，共同培育優質的下一代。

一、行為改變技術的意義

許天威（1985）認為，引導個體朝著某一個方向產生某種行為，有效的一個途徑應該是探索個體在環境中怎樣的學習、環境要怎樣安排，才能引發個體產生預期的行為，稱為行為改變；而行為改變技術所運用的行為原理，就是在研究環境與個體外顯行為之間的關係。

林敏宜等（1998）指出行為改變技術是應用實驗心理學，特別是學習理論或稱為行為原理的理論與技術，針對外顯的、可觀察的行為，予以有效的影響及改變的一種方法，此種方法可應用在各種解決個人與社會問題的情境上，以增進人員適應的功能。而行為治療（behavior therapy）是依據制約學習，以及實驗心理學之原理，從原先只針對異常行為及心理失常的矯治，進展到系統而科學地處理人類的客觀行為，以減輕人類的不適應，而增強其功能的一種方法。

綜上而論，行為治療是針對異常行為或失常行為的心理矯治，以減輕人類的不適應行為，培養良好的行為功能。而行為改變技術，則是應用心理學的原理或技術，以有效培育良好的行為或良好的生活習慣，並去除或減弱不良的行為。

二、行為改變技術的理論基礎

(一) 古典制約的理論（Classical Conditioning Theory）

古典制約理論乃是巴夫洛夫（I. P. Pavolov, 1849-1936）及華特森（J. B. Watson, 1878-1958）的實驗所共同建立的。

巴夫洛夫做狗流唾液反射制約刺激的實驗，將一隻狗關於狗籠中，並以導管測出狗受刺激的流唾液反射情形，他將節拍器發聲，讓狗兒聞之略顯不安，但狗並未分泌唾液，再將飼料食物餵食狗狗，則狗自然流出唾液，如此反覆多次，節拍器發聲後再餵食狗飼料，久而久之，以後只要狗狗聽聞節拍器發聲，狗狗自然的唾液即行大量分泌，如圖 5-2 所示。用節拍器發聲即可制約狗兒分泌唾液，制約反射可以引起反射動作的感應模式，說明行為是可以經由學習而得的。

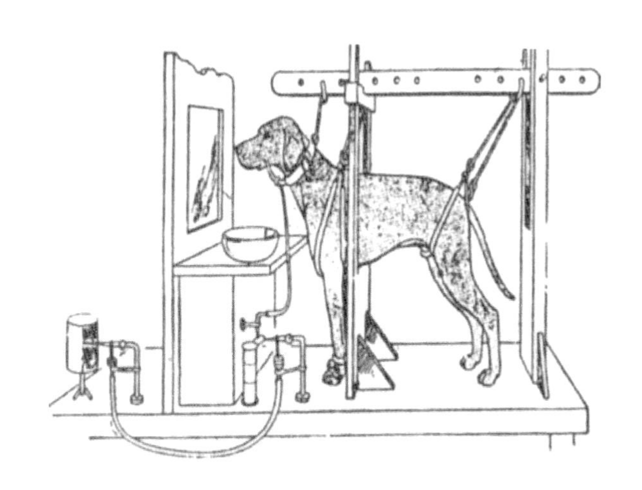

△圖 5-2　流涎反射制約學習實驗情境
資料來源：許天威（1985：28）。

(二) 操作制約理論（Operant Conditioning Theory）

操作制約學習是由史金納（B. F. Skinner, 1904-1990）的實驗而建立的，他在老鼠籠內裝一枝桿，槓桿的一端吊以食物和水槽，再將飢餓的老鼠放入籠內，老鼠在飢餓情境下會做出很多不同的動作，若老鼠壓到槓桿，食物即落入水槽中，老鼠即因壓桿而能獲得食物的滿足，如圖 5-3 所示，而且屢次壓桿均獲得滿意回應，最後老鼠只要想吃食物即可藉壓槓桿而得，說明了刺激與反應間的連結，最後能建立新的連結關係，稱為操作制約學習，說明了良好行為可藉由學習而來。

(三) 社會學習理論（Social Learning Theory）

社會學習理論的創始人是班度拉（A. Bandura），他認為制約學習是採用連結論與增強效果的概念，班度拉認為個體的認知歷程、認知概念可以主宰個體的行為反應，林敏宜等（1998）及陳榮華（1995）曾分析社會學習論的三個特質分述

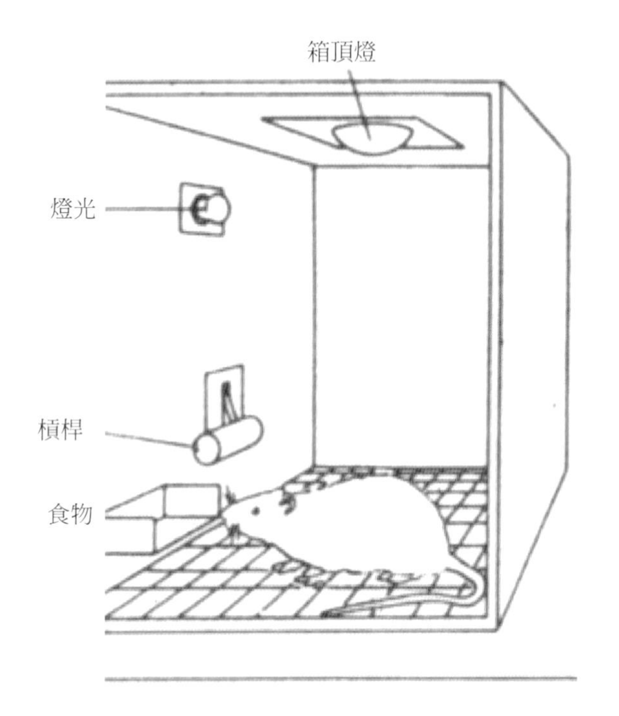

△圖 5-3　**史金納箱**

資料來源：許天威（1985：40）。

如下：

1. 環境對個體某一行為的獲得和調整的作用，大部分取決於其認知歷程。換言之，個體的行為反應，取決於個體的認知歷程。
2. 個體的反應不全然受制於內部力量或外界制激，而是行為、環境和認知交互作用而成。
3. 個體是行為的主宰者，具有主導行為改變的潛在能力。

第三節　行爲改變技術的應用

一、增強原理（reinforcement）

在刺激與反應之連結有正向作用者，為增強或增強作用；換言之，有助於刺激後產生反應者即為增強作用。而有助於產生連結作用的物質，即有助於產生反應者則稱為增強物。

增強作用又可分為正增強（positive reinforcement）與負增強（negative reinforcement）二種，茲分述如下：

(一) 正增強

若某一刺激能產生反應，該反應能滿足個體需求，或使個體帶來愉悅的感覺，即稱為正增強（positive reinforcement），而該刺激物便稱為正增強物（positive reinforcer）。換句話說，當個體接受某種刺激或在某種情境下，做出某種行為反應，而該反應合乎當事者心意，若該刺激或情境再度產生，則引發該行為反應的機率會升高，合乎行為改變技術的原理。而增強物不限於有形的物質，凡是能滿足個體生理、心理、內在、外在的需求，或有助於解決個體困境的需求均是增強物；例如在學校時，教師常給學生口頭稱讚，則學生日後表現更合乎教師期望，或在家中父母常鼓勵幼兒在玩具把玩結束後，自動收拾整理玩具，給予物質鼓勵或稱讚，則小朋友以後用完玩具，就會自動收拾整理乾淨，視為正增強的效果。

(二) 負增強

若當個體表現出某種行為反應後，即將負增強物移去或消除，可以引發個體出現該行為的比率增加，即為負增強（negative reinforcement）作用。而使個體所渴望避免的或不想要的刺激，即為負增強物（negative reinforcer）或是厭惡刺激。

負增強是透過負增強物的出現，來強化某種受歡迎的行為，例如學生考試因學生不用功考的不好，教師則規定考不好的學生，假日將被要求到校接受特別輔導，於是學生就會怕於假日被迫到校接受輔導，而特別認真用功考試或成績自然就會進步，如此便是負增強作用，而假日被迫要求到校特別輔導的行為即是負增強物。

負增強與懲罰不同，懲罰是當不良行為出現時，遏止該不良行為的產生，只有抑制不良行為再度出現，而未能培養良好行為的產生，因而負增強與懲罰不同。

(三) 立即增強與延宕增強

當個體表現受歡迎的行為時，即給予增強物，使個體增加良好行為表現的機率，即為立即增強（immediate reinforcement）。

當個體表現良好行為時，增強物拖拖拉拉或隔一段時間再給予增強，即為延宕增強（delayed reinforcement）。

例如父母當兒女有良好行為出現時，立即給予正增強物，如此增強行為是為立即增強；若是良好行為出現很久，才給予正增強物，即稱為延宕增強。在心理學上立即增強的效果較延宕增強為好，因而當學生有良好行為表現時，即應給予增強。

(四) 增強原理使用的原則

1. 強化增強的行為目標應明確

   要培養兒女受歡迎的行為，或要強化兒女良好的行為目標應相當明確，使兒女或學生有一明顯方向、明確目標，而且目標行為（target behavior）愈具體明確，其增強效果愈好。

2. 立即增強優於延宕增強

   當兒女或學生有預期良好行為出現時，即應給予增強物並立即增強，不要拖了一段時間才給予增強，延宕增強效果就沒有那麼好了，何況增強對當事人是一種很好的鼓勵作用。

3. 增強物的給予應因人而異，符合個人需求因人而異的增強物使用非常重要，有的增強物對某人在某一階段有特殊的功能、興趣與喜好，因而在給予增強物時，除時間的選擇外，增強物的選擇也特別重要。例如對嬰幼兒的增強作用，玩具有其需要，但對成人玩具就不稀奇；在同年齡中又有個別興趣的差異，或某人的特別偏好。

4. 增強應在公開場所較為有效

每當個體或團體共同行為表現良好時，即應給予鼓勵增強，而增強行為亦在公共場所為之，可增加個人或團體的自信心、榮譽感，亦可將團體的行為，導向更為良好的目標表現，更可強化該種良好的行為規範。

5. 增強次數亦因地、因人而制宜

為建立某一良好的行為，宜在初期有良好行為表現時就給予增強，但該行為經過一段時間或次數後，即應改為間歇增強，直到良好行為建立前，應適度減少增強次數，當增強作用時也應考慮時、地、物及個人的不同特質，而採合適的增強次數。

6. 增強行為要與成就標準配合

良好的行為應給予鼓勵，但鼓勵程度也不可一概相同，應按個人能力、成就標準、成就程度的不同，而給予不同等級的增強物，例如能力好的學生考九十分，和能力中等的學生考九十分，均給予同樣的增強物，則學生對其增強效果不同，對學生也不公平。

二、身教、言教、境教的原理

父母或教師的角色，在面對自己兒女或學生時，言教、身教都甚為重要。在教育學有句名言：「言教不如身教，身教不如境教」，因境教是每天二十四小時提供耳濡目染受教育學習的機會，而身教可隨時當成兒女、學生的示範刺激或模仿對象，而言教只在耳提面命、諄諄教誨時才能發揮作用功能，因而父母、師長宜掌握子女、學子學習的良好良機。

(一) 境教

境教是環境的導引作用，許天威（1985）指出行為的報應關係，是安排適宜的環境來達成行為改變的目的，也可以說，境教就是用環境的力量來發揮預期的教育效果，為人父母宜選擇良好的社區環境，孟母三遷就是最好的典範，在台灣知名學府或明星學校的附近社區，房價始終居高不下就是境教的原因。有了良好的社區，還要布置適宜的兒女身心成長環境，讓兒女在快樂、安全、教育性的環境中學習長大、學校教育亦是如此，良好的境教提供全天候的機會教育環境，學生在耳濡目染中身、心、靈均具陶冶的教化作用。

(二) 身教

父母或教師以身作則是教育子弟最良好的方法，以身作則或是以身作例，是促進兒童行為改變的一種很有效的方法，許天威（1985）認為，行為改變技術的用法是示範（modeling），若就兒童的相對行為表現而言，就是模仿（imitation），在教育學而言，亦是觀察學習或替代學習（vicarious learning），即是示範而使對方產生學習現象；因而父母或教師，若能時時以身作則，陪著兒女一起看書、一起做功課、一起成長，自然是兒女、學生的一部活教材、活的典範，而且教法是多元、自然、生動活潑又實惠。

(三) 言教

言教是言之合理、言之有物、以理服人，因而父母不可憑藉著身體粗、年紀大、輩份高，而以權威式教訓兒女，教師更應以理服人、諄諄教誨，讓兒女、學生感受父母、教師的學理、人格的精神感召，而欣然接受他們的教誨，使行為發自內心的改變，在學習中長大；因而不管父母或教師，應隨時充實自己，更應接受新的資訊接觸新奇的事物，拉近師生或兒女間的思想認知差距，以「活到老，學到老，教到老」的終身學習精神教育兒女。

三、行為的減弱與塑造

(一) 行爲的減弱

不受歡迎的行為或不良的行為已經養成，會因增強的消弱遞減而使該行為出現率銳減，也可能是已經制約的行為，會因增強的減弱而使該行為減少出現或不再出現是為減弱（extinction）；例如哭鬧的嬰兒，為博取父母的關心、注意、抱抱，而以耍脾氣、哭叫的方式引起父母的注意與同情，若以消弱原理，則該嬰兒久而久之即放棄這種不理性的方式，教師在上課時有些頑皮學生故意要引起教師的注意，而會做出各種怪異動作，此時教師採用消弱原理，久而久之該學生就不再表現不受歡迎的行為。

(二) 行爲的塑造

許天威（1985）認為在教導訓練兒童時，就要選擇其可能接近的目標行為中的某一特定反應，予以增強，接著還可進一步地增強另一個更接近目標行為的反應；林敏宜等（1998）指出，塑造（Shaping）就是把達成目標行為的歷程，加以細分成漸進的若干階段，再運用增強原理逐步訓練，以養成行為目標。像嬰兒走路學習，可先教導幼兒學習站立，等待幼兒站穩後再學習跨步，並一步一步向前跨，直至學會自然平順的自行走路行為為止。

(三) 行爲減弱與塑造的原則

1. 確定要減弱與塑造的行為或動作

   教師或父母宜對自己學生、兒女做深入性的瞭解，知悉個體有哪些該消弱去除的行為，或個體該學習培養的良好行為，以作為個體努力學習的目標。

2. 行為改變技術應考量個體的能力與負荷

   若是個體能力無法負擔或是屬於非常精密科技的能力，是個體當前能力所無法達成或負荷，則師長應站在學習者的立場深思熟慮，確定可以達成再實施，若實施上有困難或學習起來有高難度，宜可考慮配合個體生理、心理、社會能力的發展情況而定。

3. 起點行為與目標行為應相當明瞭

師長、父母宜深入瞭解每位幼兒或學生的起點行為，先天具備的資質，再確立明確的目標行為，使學生或兒女知所追尋的方向與目標。

4. 行為塑造應按步就班、循序漸進

行為的塑造是細分行為目標為更具體的小目標，使小目標易於達成，增加學習者的信心，並按步就班循序漸進，不可躁進或想一蹴可及，反而易於「吃緊弄破碗」，弄巧成拙。

四、代幣與代幣制度

(一) 代幣

在幼兒階段給予金錢，或貴重文具用品，對幼兒心理的感受反而沒有貼紙、點卷、積分卷來得實用，因而父母或幼教教師常以此類有美麗圖案，又有鼓勵性質的點卷、貼紙來鼓勵兒女、學生，效果會更好。這些點卷、貼紙、積分卷就叫代幣（token），它們可累積到某一程度，或某一累積張數，向父母、老師換取更大的獎品，漂亮又喜愛的玩具或實質增強物，如 kitty 玩偶、洋娃娃。

(二) 代幣制

以代幣為增強物來鼓勵增強兒女、學生良好的行為表現，而發揮行為改變技術的功能，實行此一制度就稱為代幣制度（token system）。代幣制度在實施之前，要事先與兒女、學生約定實施的辦法，及兌換獎品的標準與守則，往往代幣或獎品均是兒女、學生們的最愛，教師也可自行設計或從電腦圖檔中，引用更為兒女喜愛的代幣圖案，以強化增強作用的效果，他們會對增強物更珍惜而愈加努力表現，代幣制度實為針對幼兒、小學生或國中生的一種良好增強作用的辦法。

(三) 代幣制度實施的守則

1. 事先約定代幣的獎勵使用要點

   代幣如何使用、獎勵及使用的標準，行為表現程度與代幣的給付等值或對等均須事先約定。

2. 代幣兌換獎品或實施增強物的辦法

   代幣的點值累積到某種程度，可兌換的獎品種類或代幣實施的有效期限。

3. 兒女、學生一旦表現合乎增強的行為應立即增強

   良好行為一旦出現應立即增強，可明示兒女、學生明確的目標行為，導引兒女、學生良好行為的表現。

4. 代幣的實施要有實質增強物為配套

   教師、父母可調查兒女、學生最喜歡的增強物有哪些，或從媒體察知當前最受歡迎的幼兒玩具或玩物，來配合代幣制度的實施，增強代幣的效用。

5. 獎勵或增強良好行為表現，最好於公開場合為之

   在公開場合獎勵除了實質獲得增強物外，可給予當事人精神上的附加價值鼓勵，並可對未得獎的人有良好的行為目標指示作用。

格言集

親職格言：

問題青少年產生於家庭，顯現於學校惡化於社會，弱化了國家。

言教不如身教，身教不如境教。

治家格言：

（親子溝通要訣——取材自林進材《成長路上親子行》）

有關懷才會開懷，能享福才能幸福；

有體會才能體諒，能包容才有笑容；

有笑容才有效果，能感恩才有感情；

有效果才有結果，能傾聽才能動聽；

有理念才有理想，能用心才能更新。

問題與討論

1. 如果有一家庭的家人好像天天在吵架，今天過後，明天依舊吵吵鬧鬧而爭吵不休，請問如此溝通有效嗎？您該如何輔導他們？
2. 有一位兒童常常被老師點名上課遲到、作業缺交，您是該班的老師，請問您，如何運用行為改變技術處理較好？
3. 孟母三遷的故事，對親職教育有何啓示？

第六章

親職教育的實施內容

親職教育在培育有效能、成功稱職的父母，期望建構幸福快樂的家庭，培養優質的未來國家主人翁，防範問題青少年的產生；因而攸關有效能的父母，稱職理想父母的角色，兒童、青少年的生理、心理、認知發展與輔導，兒童、青少年問題及偏差行為問題的原因與輔導，父母管教子女的態度與方法，家庭經濟、家庭教育與學校教育如何配合……等，均與親職教育有關，也是親職教育主要的實施內容。

第一節　青少年問題的三級防範

一、初級預防的親職教育

青少年問題與親子間的衝突，在尚未發生前所作的預防工作叫初級預防（Primary prevention）。林家興（1997）指出初級預防的目的，在於防範問題於未然，因此初級預防的親職教育，趨向正向性的輔導工作，其教育對象為一般身心健康，親子關係及家庭功能良好的父母，其研習的內容可視參加初級親職教育的父母而定，如永續婚姻、幸福家庭、親子溝通、兒童發展與輔導……等，初級預防的內容在於培養為人父母的知能，增強為人父母的信心，使成為稱職的父母，可以採用專題演講、座談會、親子互動方式實施。

二、次級預防的親職教育

青少年問題若是剛產生，且親子互動產生了問題，就如同早期發現、早期輔導，是為次級預防（Secondary prevention）；林家興（1997）認為其目的在於問題剛發生，早期發現、早期解決，避免問題惡化，此時發現，父母與子女彼此皆認為對方不是，而相互埋怨，父母也開始發現子女言行已有些微問題發生，若不及早解決，恐將繼續惡化而終至難以解決。

親職教育的對象是針對：親子相聚在一起和父母產生溝通障礙、互動不良，及當青少年言行已有走樣的徵兆的親子，希望藉此研習課程改善親子關係，並能順勢輔導使子女接受良好善意的建言，導正偏差的言行；研習內容包括親子互動、溝通藝術、問題解決能力，正確管教態度與方法，情緒的自我管理等，研習方式要針對問題做深入的探討分析尋求解決良方。

三、三級防護（Tertiary prevention）的親職教育

若青少年問題已發生一段時日，且有繼續惡化的現象，親子間嚴重問題發生而溝通已明顯不良，其親職教育目的無非是矯正嚴重的偏差問題行為，健全子女心智功能，改善親子關係及親子溝通互動，避免家庭暴力、吸毒、中輟、幫派、犯罪、家族衝突的行為再度發生。參加三級親職教育的對象，一般均是兒女已有犯罪、暴力、吸毒、飆車族……等前科的問題青少年之父母或監護人，希望藉親職教育課程輔導這群父母，正確的教育子女觀念、負起為人父母應盡職責、接受個別指導或參加小團體研習，並與防範犯罪相關單位配合，強力矯正兒女嚴重的偏差言行，避免危害家族與社會，造成社會的不安與恐懼。

第二節　爲人父母角色的學習與調適

一、父母角色的認同

俚語說：「手抱子女時，才知父母恩」，換句話說，在自己子女尚未出生前，無法體會為人父母的重責大任、艱辛與困難；在子女出生的這一刻，為人父母者其內心感受特別深，父母的角色被社會認定為具有特別的任務與高度的期望，因而父母角色為人生中一個非常重要的關鍵點，往往也被社會視為「轉大人或成人」的一項重要指標，為人父母若能認清自己的角色，明瞭父母角色的責任與重要，善盡為人父母的職責，學習如何成為「賢父良母」，相信必能建構幸福美滿的家庭。

二、父母角色的學習

沒有人天生就能成為稱職的父母，往往在結婚生子的那一刻，才開始思索如何成為「賢父良母」；但也有部分人士在小孩出生後，才警覺為人「父母」這兩個字真的太艱難，而怕無法承擔，一時驚慌失措，把兩個人愛的結晶，懷胎十個月的新生兒，丟棄於公園或公廁而成為棄嬰。絕大部分的夫妻均未事先學習父母角色，如何扮演理想稱職的父母，頂多開始反思自己父母或親友、同事在為人父母時的生活種種，或複製其父母為人父母的模式，但社會是複雜的、情境是多變的，事到臨頭經常不知所措，但此時已造成部分的傷害。因而學習如何成為稱職的父母、成功的父母，要及早準備，唯有靠平日課程所學，親朋好友、師長的經驗及認真的學習，才能往稱職父母的腳步邁進，期望有了稱職的父母，才能培育優質的新生代。

三、為人父母角色的調適

青年男女因愛而結婚，常常因一時感情愛情的憧憬而結合，較少理性、理智思索結婚的真諦，夫妻如何攜手走到白頭偕老的盡頭；尤其沉浸愛河中的夫妻，加上新生兒女的誕生，往往造成二人心理、生理、外貌、經濟、社會角色、夫妻感情……等的巨大衝擊，因而對於為人父母角色的瞭解與調適相當重要。

(一) 生理方面的調適

青年男女結婚後，結束了單身漂泊的生活，就生活型態生活方式而言，因受夫妻雙方的結婚約束，生活起居將有很大的改變，生活作息將會較為正常，為了家庭經濟，勢必犧牲很多單身時的同儕戶外活動；也因生活型態較為固定，丈夫體型將慢慢肥胖，妻子則面臨結婚、懷孕、生產體型的重大改變，尤其小孩出生後，母體養分的大流失，女性荷爾蒙的分泌也隨年齡增長而漸漸減少，臉上光澤慢慢失去，加上新生嬰兒很多細膩的複雜工作，均需為人母親者親自處理，如哺乳、撫育……等，勢必對剛生產後的母體元氣有很大的損傷，加以體型經懷孕產生重大的改變，亟需在短時間內復原，生理上的改變對夫妻均是一大考驗。

(二) 感情方面的調適

青年男女結婚後，異性的新鮮感漸漸消失，彼此的濃情密意將會隨歲月流逝而減少；相反的，由於結婚，勢必來自不同成長背景、不同價值觀念、不同認知理念的兩個人相聚在一起，每天要朝夕相處，因而開始產生摩擦，或有很多事務的看法、處理方式的不同，而起爭執在所難免，感情也因而容易產生變化，外加經濟壓力、生活和事業工作的壓力，家族相處的壓力及妻子因生兒育女身材的改變，美麗優雅的外貌不再，夫妻二人的感情更容易產生變化，因而在青年男女結婚前或將為人父母時，就要有充分的瞭解，萬全的心理準備，否則要維繫長久的夫妻感情真是不容易。

(三) 心理方面的調適

青年男女因愛而結婚，新婚蜜月期過後，夫妻二人會開始思索，如何面對職場上的壓力，職業願景的突破及承受未來家庭的經濟壓力，較少考慮到如何成為一位成功稱職的父母，為人父母需具備哪些知能；否則等到小孩出生時才手忙腳亂，整天不知如何應付，若萬一又遇到出生的小孩較有問題，引起的困擾更是嚴重影響夫妻二人的情緒；尤其小孩出生後，妻子往往把重心擺在孩子身上，夫妻二人心理距離漸漸拉長，因而平日宜多加觀察、學習，強化心理建設，才能成為賢父良母或成功稱職的父母。

(四) 經濟方面的調適

古諺「男大當娶女大當嫁」，是農業社會的觀念，因農業社會生活單純，兒女在農業社會時消費性的誘因很少，因而為人父母，只要能給小孩生活必需的飲食溫飽就已足；然而資訊社會的今日，生活消費水平高，消費型態複雜，不良消費誘因又多，包括小孩嬰幼兒奶粉、尿布、營養品、玩具、卡債、高額房租，小孩入學前各式的才藝班琳瑯滿目，入學後的開銷更大，結婚的經濟壓力負擔迫使很多的夫婦不敢多生小孩，甚至不敢生小孩，因而婚前應有詳盡可行的理財規劃，否則夫妻經常會因經濟的壓力發生爭吵，影響為人父母的夫妻感情。

(五) 家族共同生活的調適

夫妻結婚後，馬上面對雙方家族的來往互動，尤其一位單身女子搖身一變要為人妻，擔任公婆的媳婦，又有小姑、叔伯的共同生活，每日除了上班工作壓力，家事的壓力外還要伺候公婆，雙方有很多生活習慣差異，理念不完全相同的人要朝夕相處，外加小孩出生後，更多的小孩問題亟需馬上處理，在動輒得咎的心理壓力下，要調適雙方家族的互動往來，確實是一件不容易的事，因而預計將為人父母者，要盡力去設法因應克服，早日做好心理的調適工作。

(六) 職場工作的調適

今日的台灣社會生活消費開銷太大，很多結婚婦女必須投入職場工作，或結婚前就已在職場上工作，婚後要忙於適應新的家族生活，夫妻生活的調適及小孩、家事的壓力，又要在職場上保有良好的績效，真可說是蠟燭兩頭燒，其辛苦程度將可預見；況且台灣職場社會，多少存在著婚姻條款，對於結過婚或有小孩的職場女性工作者較為不利或歧視，一旦小孩出生後，小孩的瑣碎問題又特別多，要想照顧好下一代，談何容易，更何況每天早上一大早要將小孩要托給保母，或每天要接送幼稚園、小學、國中的小孩，為人父母其忙碌景象可見一斑，尤其小孩就讀小學後，子女的課業問題、才藝補習、生活習慣的養成，由誰負責？因而多少會影響職場上的表現與績效，為人父母者要事先做好夫妻協商，事先作安排及早做好職場上的調適準備。

第三節　成功有效能的父母

一、成功父母的涵意（The Definition of Successful Parents）

成功的父母沒有一定標準，也沒有標準答案，但能從家族互動、家族表現中約略可看出成功的父母角色如何扮演，凡是有計謀、肯努力於自己職場的工作外，隨著科技、社會進步不停的學習，多留一點時間陪同子女，和家人一起成長一起同樂，對於家人互尊互重，做好良善的溝通互動，並能以身作則，以教育性的愛培養子女良好的生活常規，鼓勵兒女發展潛能，培育其長才服務社會，則堪稱為成功的父母。

二、成功理想的父母

成功理想的父母，可使家人和樂相處，發展兒女長才，使家中充滿歡樂與希望；偏差的父母，則讓家中充滿暴力、墮落、妻離子散，家中缺少倫理道德，沒有正確的價值觀，家庭氣氛怪異戾氣，家中好像看不到明天、沒有未來、沒有希望，家人的感情也相當薄弱，失去了歡樂與關懷，家中缺少精神支柱，家人好像無頭蒼蠅亂飛，家人之間缺少向心力，家庭生活沒有重心。林敏宜等（1998）指出，婚姻與家庭專家杜佛（Duvall, 1977）將好父親和好母親的標準，分為傳統性的概念和發展性的概念兩類，如表 6-1 和 6-2 所示。

綜上而論，傳統性概念的父母，重視子女基本的生活習慣、倫理觀念，對子女抱持自己的期望，父母在家中能盡父母本身應有的職責；發展性概念的父母，對於子女管教輔導較為適性，重視潛能的開發與個性的發展，真心瞭解自己兒女，提供兒女發展的良好環境與空間。

成功理想的父母，要多花心思於每位兒女身上，保留很多時間與兒女相處，用愛心與耐心對待兒女，並能自行適時進修成長，學習教養兒女的新知，以最適

▽表 6-1　好父親的標準

傳統的概念	發展的概念
1.為子女訂定目標	1.重視子女的自主行為
2.替子女做事，給子女東西	2.試著瞭解子女和自己
3.知道什麼對子女是好的	3.承認自己和子女的個別性
4.期望子女服從	4.提高子女成熟的行為
5.堅強、永遠是對的	5.樂意為父
6.有責任感	

資料來源：林敏宜等人（1998：163）；**黃迺毓**（1998：68）。

▽表 6-2　好母親的標準

傳統的概念	發展的概念
1.會做家事（煮飯、洗衣、清掃等）	1.訓練子女獨立自主
2.滿足子女的生理需要（吃、喝、穿等）	2.滿足子女情緒需要
3.訓練子女日常生活習慣	3.鼓勵子女社會性發展
4.德行的教導	4.促進子女智能發展
5.管教子女	5.提供豐富的環境
	6.照顧個別發展的需要
	7.以瞭解的態度來管教子女

資料來源：林敏宜等人（1998：164）；**黃迺毓**（1998：61）。

宜最有教育性的愛，來鼓勵輔導兒女，陪著他們一起成長，成為兒女心目中的依靠，更是兒女的好朋友。

三、如何成為有效能的父母

俗話說「一樣米養百樣人」，同樣的，同一種社會文化也造就形形色色各種不同心態的父母，有的家庭妻離子散、分崩離析，父母不工作，不負起養育教育兒女的責任，甚至逼迫年幼子女去違法謀利，養成兒女賣毒、吸毒、作姦犯科的惡習；相反的，有效能的父母，能以家庭社會為重，視兒女為社會國家未來的希望與資產，更是精神生命的延續，對於每位兒女均能深入的瞭解，汲取教養兒女的知能，安排適宜的環境，以教育性的愛來輔導每位子女成長，發展兒女長才，鼓勵兒女服務社會回饋社會，提升國家競爭力，因而有效能的父母，經營的家庭富有倫理道德觀念，培育兒女正確的人生觀，與兒女相處亦師亦友，充滿歡樂希望，家庭富有活力與競爭力，家中每一份子均深深熱愛這個家園，共同開創家庭的生命力。

要成為有效能的父母應有下列特質：

1. 家庭經營與職場表現二者兼顧。
2. 父母均具建構幸福家庭的共識，教養兒女的態度理念一致。
3. 真心瞭解兒女，以身作則，適時教養輔導。
4. 設計適宜的環境，提供兒女發展的空間。
5. 汲取教養兒女的知能，適性輔導與發展。
6. 多留時間陪同兒女共同成長，同甘共苦，形成家族的生命共同體。
7. 以愛心、耐心、用心來教養兒女，並形塑天倫家園。
8. 維護傳統文化美德，融入科學新知，與世界接軌。
9. 教養兒女生活的基本素養，培育優質的兒女服務社會。
10. 時時自我省思，邁向成功有效能的父母。

第四節　偏差失敗的父母

在複雜的社會中，遇到多變的情景，人生的旅途必然會有一波三折，此時父母的信念若不夠堅強，就無法造就優秀的下一代。稱職的父母絕非從天而降，有稱職的父母才有優質的下一代，然而信念不夠堅強的父母絕對無法渡過難關，而讓子女從小受到社會污染、耳濡目染，加以為人父母者若無法給予正確的教育，使得心靈產生質變，子女會變本加厲，危害社會成為社會的害群之馬。究其原因家庭教育和社會教育的失敗為其主因，套句教育學的名言：「問題青少年種因於家庭，顯現於學校，惡化於社會」，可見偏差失敗的父母，難辭其咎。

偏差的父母對待兒女愛的方式，有以下幾種：

一、沒有是非的愛

對於兒女的愛或教育，沒有是非對錯，只有寵愛或溺愛，在父母心中只要兒女喜歡就好，不管合乎不合乎社會常理與公平正義，凡事以兒女滿意或喜歡為考量。

二、替代式的愛

父母平日忙碌，忙於事業或交際應酬，沒有時間陪伴兒女，於是以金錢或兒女喜歡的物品，來彌補父母平日之不足，長久以來造成兒女心靈的空虛，與錯失兒女生活教育、機會教育的良機。

三、貪婪式的愛

有些思想偏差的父母，給予兒女的教育凡事以「利」為優先考量，只要有近利，對家庭或兒女有好處、有小利就好，久而久之養成兒女處處以利為重，甚至產生對不義之財、不義之利的偏好，養成兒女不知勤勞、不靠自己努力，而用非法手段謀利，於是偷竊、搶劫、綁票、販毒……等行為會發生。

四、珠寶式的愛

有些父母對於兒女過度保護，深怕兒女受苦受凍，視兒女如同珠寶盆中的珠寶，對於兒女呵護有加，宛如夏天怕兒女太熱，秋天怕兒女蚊子咬、冬天怕寒流，養成兒女無法承受任何壓力或勞累，喪失培育兒女吃苦耐勞與挫折容忍力的良機。

五、揠苗助長式的愛

台灣有很多的父母與其他的父母常做比較，也讓自己的子女與他人的子女競相比較，造成台灣目前各式補習班、才藝班、課輔班，幾乎班班爆滿，父母親深怕自己兒女輸在起跑點；其實很多補習都是沒有必要的，也沒有根據兒童身心發展與輔導原理，不但額外增加家庭龐大經濟負擔，也加重兒女的壓力負擔，增加子女挫折感的機會，也讓兒女失去快樂的童年以及與大自然親近的機會，父母抱持著「孩子，我要你比別人強」的想法，其實反而傷害了兒女並累了父母，而且白白浪費很多金錢，只因為父母恨不得孩子要比別人好。

六、權威式的愛

此類型的父母，受傳統思維的影響，有媳婦終於熬成婆的心態，終於有一天當上了父母，以為權威在握，沿襲傳統父母的角色，受到上一代父母權威使喚或打罵的影響，將此管教模式習慣性的發洩在自己兒女身上，容易造成兒女沒有自信，遇事退縮自卑而沒有安全感，且容易發怒，情緒不穩定。

七、條件式的愛

父母對兒女的愛，要看兒女的表現，是否符合父母的期望，或完成父母的交辦事項，把父母對兒女的愛當成一種條件或商品來交易；若父母的期望偏差或兒女的表現有落差，會形成兒女難以獲得父母心靈上的慰藉，也因之易於造成兒女缺乏自信，常有失落感、缺少心靈上的安慰、支持與鼓勵。

綜上而論，理念偏差的父母，難以教育優質的下一代，為人父母或即將為人父母者，應瞭解與學習有效能成功的父母特質，避免因觀念不清及對教育兒女知能不足，而誤用偏差的父母教育心態。

第五節　圓融的親子溝通與互動

很多的父母常感嘆：「孩子講不聽」，或向老師抱怨：「這孩子我已經無法再講了，再講都沒有用」；父母常感覺親子溝通很困難，彼此間的隔閡也愈來愈深，意見愈來愈分歧，心靈距離也愈大愈遠，真想與孩子好好的溝通協調，但不知所措，也不知如何談起，好像親子溝通愈來愈困難，怎麼辦呢？子女也抱怨：「我的父母真是老頑固，他們不懂我的心」，感覺父母講的話只會激怒雙方：「耍權威而增加怨氣」、「或像講故事似的，無法讓人信服，沒人要聽他們講了」、

「根本不關心我們這些子女，不瞭解我們的心」、「真討厭」、「很想離開這個家」、「以後我們不再聽他們講了」，親子間不但無法溝通協商，甚至產生怨氣而造成兩敗俱傷。原本家庭是一個溫暖的窩，是遇到挫折困頓時的避風港，為何成為親子衝突的引爆點？台灣社會正面臨這樣難解的普遍問題，原因就是缺少圓融的親子溝通與互動，建議為人父母或子女均應深入研討親子溝通互動的知能。

一、親子溝通互動的類型

(一) 權威命令型

父母與兒女溝通講話時，父母總認為子女還年幼無知，本來就應完全聽父母的，父母以絕對的權威跟兒女講話，在講話時的語氣，好像命令式的，子女須完全服從。此種溝通方式，易造成親子對立、親子關係緊張，並且無法解決發生的問題，更無法產生心靈的互動。

(二) 無爲而治型

此類型的父母，對子女的溝通採取無為而治，平日很少親子溝通互動，只有子女有所需求或雙方有問題發生時，才會互相知會，父母也不加理會與機會教育，父母也不引導子女正確價值觀念，凡事任由子女處置，此類型的溝通方式對子女缺少積極正向的導引作用，子女也認為：「父母不會管我們，他們不會瞭解我們的心，反正有向父母講或沒講都沒有關係。」

(三) 討好、放任型

二〇〇五年台灣社會婦女總生育率已下降至 1.12%，面臨少子化問題，很多家庭因生活壓力龐大，很多家庭只有一位小孩，有的甚至於不敢生小孩，目前台灣社會普遍存在此種現象；很多五、六年級的父母，家中只有一位獨生子女，因只有一位子女傳宗接代，所以這位獨生子女形成家中眾人的寵兒，父母守護兒女如珍珠般，甚至全面性的討好，凡事父母只有同意，父母本身對子女教育已無價值觀取向，幾乎放任不管，此類型培育出來的兒女，總認為凡事別人都要順著他，這些子女容易情緒化沒有責任感，也沒有挫折容忍力。

(四) 責備挑剔型

此類型的父母或兒女，總認為自己權威或自己的意見才是對，凡事善於攻擊別人或否定別人的表現，處處吹毛求疵、心胸狹隘，凡事歸咎別人，因而讓人不喜歡跟他接近，常有寂寞的感覺，人際關係差，不能體諒別人，沒有包容心而人緣差，且容易和別人起衝突而不合群。

(五) 說教嘮叨型

說教嘮叨型的親子互動，凡事一而再、再而三的說個不停，連雞毛蒜皮小事也嘮叨了半天，喜歡翻舊帳造成說者說不停，聽者心裡感到很煩，根本聽不進去，此類型的溝通互動，幾乎沒有什麼意義、沒有交集，對於親子存在的問題也沒有解決。子女對於這種互動方式，會認為親子間代溝太深，互動沒有意義，造成親子間的疏離感和反感。

(六) 理智開明型

此類型的親子溝通互動，講究通情達理理性任事，民主開放、共同協商、群策群力、目標明確、多元學習、相互尊重、互相體恤；在這種溝通互動環境中長大的兒女，較理性、開明、自主、積極、自信而具有民主素養，在社會或團體中較受他人歡迎，有正義感和責任感。

二、圓融的親子溝通互動

林進材（1995）認為代溝不是年齡的差距，而是思想的遠離，只有在愛的環境中才能孕育孩子健康成熟的人格，親子溝通的重點，不在於觀念與做法的一致，而是情感方面與價值理念的相互融通。

圓融的親子溝通互動原則如下：

(一) 適性輔導，明確目標

天生我才必有用，每位兒女的個性、特質、專長與發展均不相同，因而為人父母者，要與兒女增加溝通互動，增加瞭解適性輔導，在生活輔導互動中，視子女身心發展狀況，給予正確的價值觀，明確可欲的目標。

(二) 共同成長，親情加溫

父母不可因為事業忙碌，而忽略了子女成長發展的需要，應多留點時間陪同兒女一起成長，一起解決兒女面臨的難題增強兒女的信心，給予鼓勵、給予關懷，增加親子互動的機會，為親情加溫，並能掌握子女發展狀況，給予適性的教育與輔導。

(三) 家庭會議培養解決問題的能力與責任感

當家庭或家族成員面臨重大問題時，在年度結束或階段性任務完成時，定期或不定期召開家庭會議，在會議中家庭成員發揮民主素養，共同探討、共同決定，培育兒女溝通協調解決問題的能力，並讓兒女明瞭家中發展情形，每個人在家庭中的表現，多予肯定鼓勵，培養子女的責任感與對家人的體恤關懷。

(四) 以愛化礙，用寬容的胸襟化解溝通互動的障礙

父母與子女溝通互動，難免發生障礙或阻力，父母應有寬宏大量的包容心，用愛與諒解溫暖兒女心胸，化解親子間的溝通互動障礙，順勢引導兒女正確的價值觀與明確的人生方向，培養寬宏的胸襟，欣賞他人的優點，包容別人的缺點，則親子間必能相互體恤關懷，親子的溝通互動自然良好。

(五) 設計家人共處互動的時間，培養良好的情誼

工商社會父母忙於事業，兒女忙於補習忙於課業，家人相聚機會少，相聚時間也相當有限，因而要安排與子女共處互動的機會，瞭解兒女成長過程中的喜好與興趣，教導並培養兒女從事正當休閒活動，增加家人溝通互動機會，培養親子

和手足之情，為來日的溝通互動做良好的準備。

(六) 精神物質並重，養成良好生活習慣

工商社會父母忙於事業，較沒有時間陪同子女成長作息，外加當前社會很多父母的教育價值理念偏差，以為父母只要供給子女足夠的金錢與物質就可以了，藉金錢與物質補償父母內心無法陪同子女成長的愧疚，殊不知子女精神上的需要，親情的關懷比物質的滿足更為重要，尤其父母的身教、言教，從生活中做起，以培養兒女良好的生活習慣。

資訊社會重視人際間的溝通與互動，若能溝通互動良好，則家庭一團和氣，家人榮辱與共有生命共同體的概念，家人對家庭的向心力強，子女的偏差行為自然很少，並能防患於未然，幸福健康的家庭自然形成，因而為人父母者，宜敞開心扉接納子女的不同聲音，傾聽兒女的心聲，搭起親子間雙向溝通的橋樑，剷除親子間的溝通障礙，扮演兒女的第一位優秀導師。

三、親子溝通的致命傷

林進財（1995）在《成長路上親子行》一書中，認為親子溝通的致命傷，有：1.毫不容情；2.無法原諒；3.斥責控訴；4.喜怒無常；5.嚴厲權威；6.體罰叫罵；7.要求過多；8.耐心不足；9.命令指揮；10.嘮叨說教；11.否定懷疑；12.批評牢騷；13.警告威脅；14.譏諷羞辱；15.盤問訓誡。以上均為親子溝通的拌腳石，作者建議在親子溝通互動時，應有下列健全的態度。

四、親子溝通互動應有的態度

(一) 靜心傾聽，溫暖接納

傾聽是最好的溝通方式，在傾聽中可聽出子女，真正內心的心音，若子女有任何委屈不滿或一時的錯誤偏差行為，應予接納；子女在細說過程中，必然有自知自己行為的因果關係，甚至自己也知事情的對錯。

(二) 民主家庭氣氛，重視身教、言教

為人父母要建設一個溫暖、民主、開明的家庭氣氛，接受兒女不同的新思維，父母並能身教言教，以身作則，帶動家人邁向積極樂觀的人生大道。

(三) 親子關係亦師亦友、共同成長

要有良好的親子溝通互動，先要讓兒女敢與父母接近，破除親子障礙的心防，父母才能真正瞭解兒女，給予適切的輔導，亦師亦友。資訊社會對於知識的創新資訊的進步一日千里，為人父母應有與時俱進的態度，否則親子間的代溝必然日日加深，增加溝通互動的困難度。

(四) 尊重自主，開發潛能

每一個人均希望擁有獨立自主的空間，並獲得父母的尊重與認同，父母不可把小孩當成自己的附屬品，而應用心去尊重並瞭解兒女先天的潛能特質，規劃子女良好的發展環境，開發兒女潛能。

(五) 凡事協商，理性決定

兒女均希望獲得父母的尊重，為人父母凡事多與子女協商，尊重兒女不同的意見，理性明智的做決定，化解親子間的對立與衝突。

親子間良好的溝通與互動，可為親子感情加溫，更帶來溫暖的家庭氣氛，凝聚家族成員的向心力，帶動家庭成員的士氣與活力，人人樂意為家庭奉獻，兒女若有偏差問題行為時，在這種溫暖、民主、開明、積極的家庭氣氛中，自然勇於反省，自知檢討而消彌於無形。

第六節　胎兒、新生兒、嬰幼兒、兒童的發展與輔導

在人類發展的過程中，有一定的順序，張媚等人（2003）在人類發展概念中指出，人類的發展分為十期，包括胎兒期、新生兒期、嬰兒期、幼兒期、兒童早期、兒童中期、青少年期、青年期、中年期及老年期；就人類的發展趨勢來看，有一共同的發展模式，此模式通常是循序漸進的，所以可加以預測，但也因個人特質、遺傳關係而有個別差異。

在人類發展的輔導方面，在不同發展階段有不同的發展需求，有不同的發展任務，因而應適時、適當、適性的給予輔導和協助，使人人均能在生理、心理、社會、人格、道德等各方面健康穩定的發展；假若錯過人生發展階段的適時、適性輔導，可能造成遺憾終身，因為畢竟沒有再版的人生。

一、兒童、青少年發展輔導的重要性

(一) 錯過一時，擔誤一生

在人類發展的過程中，個體同時有心理、生理、社會及品德的發展，一般而言，大約均在二十歲左右，身心就已發展成熟，因而在兒童及青少年階段是人類一生發展中最重要的時期，例如：神經系統在六歲時就已發展接近成人之值的百分之九十，因而錯過這發展的黃金時期，將擔誤兒童一生的發展。

(二) 發展模式可預測，應掌握契機

人類的生理、心理、社會及道德的發展，一般而言，均遵循可預知的模式與方向，為人父母必須深入瞭解發展的模式與順序，在兒女生理、心理、社會、道德各方面的發展，做全方位的考量，各階段發展的重要任務與需求須詳加瞭解，

掌握兒童、青少年發展的關鍵期，適時的給予協助與輔導。

(三) 個別差異，適性輔導

人類的發展雖然有其一定的順序與模式，但會因個人的遺傳、環境、特質……等，而有個別差異，並且每個人的發展和遺傳、營養、環境……等因素均有密切的相關，在不同的發展階段也有不同的特性，必須因勢利導適性開發。

(四) 發展階段任務不同，對症下藥，事半功倍

兒童、青少年的發展，是個體發展最快、變化最大、可塑性最高的時期，也是人類發展中很重要的關鍵期之一。在兒童及青少年的發展中，各階段均有其不同的發展重點，例如神經系統包括腦、脊髓和感覺器官等系統，在嬰幼兒階段發展最為快速，到六歲時就已接近發展成熟，而且在該階段中，又需要含多量必需胺基酸（essential amino acid）的蛋白質，尤其需要魚類、奶品類、肉類的供應，錯過了這黃金時段，或沒有提供良好足夠的均衡營養需求，其發展自然受到影響，因而可說事倍功半。

二、胎兒、新生兒的發展與輔導

(一) 胎兒的發展與輔導

胎兒藉著胎盤與母體的血液循環，而得自母體養分以成長發展，使胎兒（fetus）得以正常生長發育，胎兒與母體的血液循環系統是各自獨立的，張媚等人（2003）指出，在兩個系統之間介有一薄膜，使得胎兒與母親血液中的物質，有選擇性的通過，這選擇性的過程叫胎盤的障蔽（Placental Barrier），在循環系統中血液的循環作用，可使母體與胎兒交換營養、氣體與廢物，胎兒就在母體好的環境中漸漸長大，而到第四十週胎兒便接近發育完成，而成為大約有三千二百公克的可愛小嬰兒。

好的基礎才是日後發展的潛能，所以在母體內提供良好的胎兒成長環境甚為重要；一般而言，胎兒的發展和父母的遺傳、母體的營養、母體的健康、母體使

用的藥物、母體的生活習慣如不飲酒、不吸菸；母親的情緒、母親懷孕的年齡……等均有密切的關係，因而即將為人父母者，在計劃生育兒女前，就要有深刻的認識，並做好心理上的準備，期望能生出一位健康可愛活潑有活力的小嬰兒。

(二) 新生兒的發展與輔導

張媚等人（2003）認為，一般人從出生的那一刻起，到出生後的二十八天內，稱為新生兒期（neonate），而新生兒在子宮外生活的最初二十四小時，是一個人一生中最脆弱及最危急的時刻，而且在新生兒期，子女剛從母體子宮內的良好生活環境，在很短時間內完全改變，新生兒要去適應子宮外的生活，這環境的重大改變，對一位新生兒及父母來說，均是很大的刺激與挑戰，為人父母者因新生兒的出來，必然造成母體身體疲憊及體重失衡的巨大改變，對父親來說新生兒的來臨，為了照顧新生兒及安撫妻子在懷孕及生產過程中，遭遇的痛苦煎熬及心理的改變，必然也是手忙腳亂不知所措，所以即將為人父母者心理的建設甚為重要。

新生兒在一個月內，生理上會有很大的變化如身高、體重、黃膽、呼吸、循環系統、暫時性凝血缺陷……等的現象；在反射方面，因新生兒神經系統尚未成熟，有很多反射行為的產生，母乳才是新生兒離開母體的最佳營養補給，也是最珍貴、最優良、最完全的嬰兒食品。

心理方面，因新生兒來到陌生世界，而且神經系統尚未發育完全，會有很多的反射動作發生，因而對新生兒的關懷留意及照顧是很重要的，尤其親子關係的促進更是不可少的，因而父母要常與新生兒接觸，或利用各種溝通方式，讓新生兒能平安、舒適、喜悅而備感安心。

三、嬰兒期的發展與輔導

張媚等人（2003）認定，從新生兒出生第二十八天到一歲期間，是為嬰兒期（Infancy），此期是人類發展中最敏感的時期，也是智力、人格發展的關鍵期，在此期嬰兒的生理、智力及社會性發展方面皆有十分明顯的進展。

在生理發展方面，身體的比例變化，頭顱骨縫的鈣化閉合，腦及神經系統的快速發展，乳牙的產生、消化系統、泌尿系統的進展、身體動作的協調與走路的學習，感覺系統如視覺、聽覺、味覺、嗅覺、觸覺、知覺的快速發育，均需父母用心留意與細心的照顧，並提供嬰兒發展所需要的良好食品與營養。

心理社會發展方面，在嬰兒期認知發展甚為重要，此時期已進入感覺動作期，在此期又細分為反射活動期（出生到一個月）、初期循環反應（一至四個月）、二期循環反應（四至八個月），第二級基模協調反應（八至十二個月），共四個階段，各階段在認知方面，均有其階段性的發展。

嬰兒期嬰兒接觸的主要對象是父母，此時嬰兒很想說話表達，但囿於嬰兒知能相當有限，因而父母需常和嬰兒互動，陪同嬰兒玩活動，能常提供愛和細心的照顧，將會有利於此階段的心理社會發展。

在嬰兒期為增加嬰兒的互動機會，可以提供安全的玩具或音樂，但此期嬰兒好玩又不知東西的危險性，為人父母者要特別留意安全性，張媚等人（2003）指出，遊戲是嬰兒熟悉環境的重要方法，它可增進孩童對事物的認識與瞭解，並能發揮想像力、創造力，甚至解決問題的能力。

四、幼兒期的發展與輔導

張媚等人（2003）在人類發展之概念中，認為當嬰兒學會走路，到嬰兒邁出第一步時，即將進入幼兒期（babyhood）（一至三歲），在此時期幼兒學會走路，因而又叫學步期，生理發展方面，在外觀上有很大的改變，如頭比例稍微變小，四肢的生長速率較軀幹快，乳齒二十顆已發育完成，身高年增約十公分，體重年增約 2.5 公斤；在神經系統方面，幼兒的腦部發展快速，腦的體重已達成人的百分之七十五，肌肉骨骼發展旺盛可視為骨化期，且骨骼中含大量的膠質，其他如循環系統、呼吸系統、內分泌系統、免疫系統，在此時期均有快速的發育成長。

心理發展方面，在智力部分，發現嬰幼兒智力與動作的發展呈正相關，在皮亞傑（Piaget）的認知發展論中，已進入符號表徵的運思前期；在佛洛依德（Frued）的性心理發展中，幼兒已由口腔期轉移至肛門期；而社會發展方面，艾瑞克遜（Erikson）認為此期的發展任務為自主性對羞恥與懷疑概念的建立，此期也是人類發展語言學習中的關鍵期（critical period），為人父母者要有語言發展的知識概念，教導兒女正確發音，並教導兒女用語言表達情緒性的反應，遊戲或玩具的玩弄可促進人際關係的發展，在此時期甚為重要，對於喜、怒、哀、樂已能正確的反應與表達；好奇心的培養、創造力的開發，為人父母者要特別用心留意，由於語言學習能力的進步，幼兒在此階段喜歡問「為什麼？」在心理學方面，此時期又叫「好問期」，凡事均覺新鮮與好奇，幼兒期的小孩心裡會急於認知瞭解，所以，幼兒期的語言發展可帶動認知、人格、情緒、人際關係的建立。

在道德發展方面，此時幼兒已進入他律階段的道德成規前期（preconventional level），也是避罰服從導向階段，父母應配合道德發展的階段性，給予正確的價值觀，因勢利導。

五、兒童期（childhood）的發展與輔導

兒童期可分為兒童早期（三至六歲）和兒童中期（六至十二歲），該期是人的一生中較沒有壓力的童年時期，也是個體長大後較值得回味的快樂童年期，其發展目標與任務的達成，是為進入青少年期的基礎，該期是個體發展最快變化最大，可塑性最高的階段。兒童期的發展在台灣社會大概是從幼稚園到國民小學五、六年級階段，為人父母者需特別用心照顧，隨時留意兒童的健全成長。

(一) 兒童期的生理發展

人類發展的速度並非成等速直線上升，而是有時快有時慢而呈波浪形的前進，就個體發展階段來說生理的發展呈現迅速（嬰幼兒期）、緩慢（兒童期）、迅速（青春期）；而到成年期（緩慢）、老年期（退化）的發展狀態（張媚等，2003）。兒童生理的發展分別說明如下：

1. 外觀

兒童期的外觀變化最為明顯，由嬰幼兒的圓桶狀模樣，小腹外凸、頭大、腳短，而只要相隔十年不見，這嬰兒可能搖身一變而成為一小大人般的

身材，不但長高、苗條，腹部平坦、肩膀變寬、腿長，也逐漸轉變成為成年人的體型。

2. 身高、體重

身高與體重的發展是生理發育的指標，從新生兒開始身高均平穩的成長，但在嬰幼兒期及青春期這二個時期身高的發展最為迅速。尤其在兒童中期即將進入青春期時，身高的年平均成長約六至七公分。

體重方面，幼兒期年增重約二公斤，兒童期約四至五公斤之間，在青春期則又快速增加直到發育成熟，如表 6-3 所示。

▽表 6-3　**台閩地區兒童中期兒童身高、體重之變化**

年齡	身高（公分）		體重（公斤）	
	男	女	男	女
6	119.8	11.8.8	23.5	22.2
7	123.5	122.5	25.3	24.0
8	128.8	128.0	28.2	26.8
9	133.8	133.8	31.6	30.3
10	139.0	140.3	35.4	34.9
11	145.0	146.9	39.4	39.6
12	152.1	152.3	44.7	44.2

資料來源：張媚等（2003：247）。

3. 身體各系統的發展

新生兒開始，身體各系統的發展即加速發育，但各系統之間，發育成長的速率不一，如圖 6-1 所示。

(1) 中樞神經系統

人類的中樞神經系統包含腦部、脊髓和神經，其中腦部的發育較為快速，約在六歲就已發育接近成人值的百分之九十，而腦的發育和語言、思考、記憶、聽覺、觸覺……等均有關，配合神經的發育成熟，腦部主宰著身體的言行而有不同的動作。

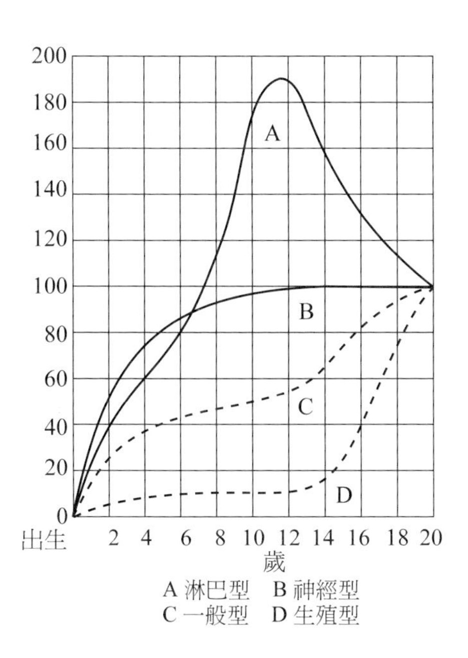

△圖 6-1　**出生至二十歲的發展曲線**

資料來源：林敏宜等（1998：168）。

⑵ 生殖系統

男性的睪丸、女性的子宮、卵巢等生殖系統，在幼兒期、兒童期幾乎發育很慢，直到童年末期或進入青春期才快速發育，女生的第二性徵約在十二歲左右開始，男生較晚則在十三至十四歲間才開始，直到二十歲人類的生殖系統才能發育成熟。

⑶ 其他系統

其他系統含呼吸系統、消化系統、內分必系統、骨骼肌肉運動系統……等，嬰幼兒、兒童期均持續在發育，到青春期才又快速成長，直到二十歲才能發育完成。

⑷ 動作發展

在動作發展方面，在童年早期大肌肉運動的粗動作發展較快，兒童就能跑、跳、蹦，會騎小孩的腳踏車，但在小肌肉運動的精細動作協調方

面，則要到童年中期發展才較快，如籃球、體操、畫畫……等。

(二) 兒童期的生理發展輔導

1. 適時適量充足營養

兒童期是生理快速成長階段，尤其腦部、神經系統的發育在六歲就已快接近成人值，因而要配合兒童年齡增長及消化、循環、內分泌系統的發育成長，給予適當、適時、充足的營養，尤其含必需胺基酸的蛋白質、維生素、礦物質……等甚為重要，務必配合兒童期的生理發展需求，給予適時、適量、適當的營養及充足的睡眠。

2. 寬廣、平坦、安全的活動空間

兒童早期因剛學會走路、跑步，因而兒童很喜歡到處跑來跑去，一來滿足內心成就感，二來滿足好奇心，稍不留意，兒童很容易迷失，或摔跤跌倒，此期兒童視覺神經也快速成長，因而不宜精細、持久性的用眼睛，宜多帶領兒童、小朋友到學校、社區公園、農村、海邊或山林平原，讓兒童在野外盡情的跑、跳、蹦，放遠視野、舒展身心，促進全身健康的成長發育。

3. 安全、多變化、多樣性的玩具

兒童期小朋友的腦部及神經系統、語言……等各系統均快速發展，看到新奇、怪異的東西，喜歡用腦、喜歡發問、喜歡動手、喜歡把玩，因而提供多樣化、操作性、安全性的玩具，促進腦、神經及運動系統的協調機制，並促進生理的發育。

4. 正確、清楚、安全的動作示範與解說

兒童期小朋友對新奇事物，新奇動作非常喜歡，因而為人父母者要給予正確、清楚、安全的示範動作與解說，讓兒童學習操作發問，而學得正確的動作姿勢，如騎腳踏車或玩遙控汽車、游泳、慢跑……等。

5. 充足的運動與睡眠

兒童期是腦、神經及骨骼肌肉系統發育的關鍵期，因而要帶領小朋友在安全的環境中安全、快樂、活潑的運動，並給予充足的睡眠。生活作息要正常，切忌熬夜或染上不良惡習，如留連網咖、長時間打電動遊戲、看電視、打電腦、看漫畫書，而要藉睡眠的休息來恢復良好的體能。

六、兒童期的認知

(一) 兒童期的認知發展

兒童期和青春期是人生記憶、思考、智力增長最為有效進展的階段，也是透過動作技巧、記憶、思考、推理、遊戲及問題解決學習的時期，對智力的增進助益很大，由於智力、知識的增長使兒童在道德判斷、人際互動、人格發展、價值理念上有明顯的進步，更透過團體生活、團體規約在同儕團體（peer group）中，發展成為成熟的社會行為，慢慢的融入社會生活。

兒童教育學家皮亞傑（Piaget）以兒童的認知發展作深入的研究，將個人的認知發展歷程分為感覺動作期、運思前期、具體運思期、形式運思期等四個時期，每一時期均有其認知、智能、概念發展、抽象思考的發展重點，依林敏宜等人（1998）及黃志成與王淑芬（1995）指出，個體認知發展各階段的主要思考轉變、發展特徵，以及教育輔導重點，詳列如表 6-4 所示。

(二) 認知發展與智力、智商、學業成績的關係

兒童經由感覺動作期（約零至二歲）開始，用感官探索認知周圍環境，其腦海中的智能發展就漸漸開始增進，到了運思前期（二至七歲），會經由語言、文字、圖案、符號……的學習，開始從事較為記憶性的思考學習，具體運思期（七至十一歲）時，則以具體事物的操作，可逆性的轉換能力，而在腦海中保留各種印象，最後到了形式運思期（十一至十五歲），則能運用抽象性的思考、概念性的發展、邏輯性的推理，而能有較深入的演繹歸納能力。

在個體認知發展的四個不同階段中，其經由各期的學習任務學習探索的歷程，無形中智力、智商均在增長中，增強了個體學習事物、記憶思考、環境適應及應

▽表 6-4　皮亞傑認知發展階段特質、發展特徵與輔導重點

階段	發展特質	發展特徵	教育輔導重點
感覺動作期（0～2 歲）	以感官認知周圍的環境	1. 由無目的的反應到主動有意義的反應。 2. 視覺、聽覺、雙手的協調合作。 3. 注意自己的身體，認識自己與外界是分開的。 4. 藉由身體向外探索並操作物體，以認識外界事物。 5.模仿並運用新方法。 6.一歲左右建立「物體恆存」概念。	1. 掌握嬰幼兒學習物體恆念概念的機會，如躲貓貓遊戲。 2. 協助幼兒分辨優先與禁止的行動。
運思預備期（2～7 歲）	運用語言、文字、圖形等符號，從事思考	1. 只瞭解具體化的事物。 2. 思考觀點以自我為中心。 3. 憑直覺推理，不合乎邏輯與現實。 4. 觀察事物的注意焦點極為侷限。 5. 缺乏「可逆性」的推理能力。 6.缺乏「保留」概念物體恆存概念。	1. 提供可讓幼兒活動的物質環境。 2. 利用圖畫、圖表輔助閱讀，藉以激發兒童興趣。 3. 重視語言教學的功能。 4. 質的認知先於量。 5. 利用合作、互尊等態度，發展幼兒面面顧到的能力。
具體運思期（7～11 歲）	以具體經驗或具體物作邏輯思考	1. 脫離自我中心觀念而轉向社會中心。 2. 具有「可逆性」的思考能力。 3. 具有充分的「保留」概念。 4. 具有序列及分類的能力。 5. 瞭解水平線的道理。	1. 重視實物教學，從而經由「探索—發明—發現」過程中，攝取數理知識。 2. 利用實驗，觀察增進小學兒童的數學運算活動。
形式運思期（11～15 歲）	能運用概念、抽象的邏輯去推理	1. 思考能力具有順性，且充分有效。 2. 能想像來自情境的各種情況，不再侷限以具體事物為思考對象。 3. 具有假設、演繹、歸納的推理能力。	1. 培養青少年運用假設—演繹推理策略解決問題。 2. 倡導科學實驗活動並鼓勵青少年思考。 3. 適時讓學生發現思考的不適當性。

資料來源：林敏宜等（1998：172）**；黃志成、王淑芬**（1995）。

變的能力，因而認知發展成為兒童在學業成績、學習成果表現上的助力，在教育專家的觀點上，認為智力、智商與學業成績息息相關，相互助益相互為用，換句話說，智商、智力好則有助於學習成果的表現，而學業成績良好、學習能力增強，又可幫助智力、智商的發展。

(三) 兒童期認知發展的輔導

1. 兒童的認知發展常模，循序漸進

   兒童心智能力的發展是個體學習經驗的推進，有其一定的常模與順序，發展過程中可促進潛能的開發，也有其固定的歷程，若是躁進越級或操之過急，揠苗助長，反而增加子女的挫折機會，而不利於兒童心智的學習。

2. 配合認知發展提供學習機會

   個體的認知發展歷程有其階段性，每一階段有該階段的學習任務與學習特性，及學習需求的配合，師長或為人父母者應配合兒童發展進程，提供適時、適性的學習機會。

3. 兒童認知發展有常模，但也有個別差異

   俗話說：「天生我才必有用」、「一枝草、一點露」，換句話說，每一個人各有其特質、專長、天賦能力與個別差異。雖然兒童的認知發展有常模，但也有差異性，為人父母要多與兒童及兒童的師長接觸，明瞭每一位兒童認知發展的進程，及兒童的特長與缺點，提供良好的適性學習機會，切忌一視同仁。

4. 安排多元性、挑戰性、刺激性的活動，促進認知發展

   為人父母需配合兒童認知發展階段，安排多元性、多樣性、刺激性而安全的活動，增加兒童的視野增加見聞擴大學習空間，促進兒童的認知發展，譬如師長或父母宜利用假期，安排適當的活動如野餐、露營、踏青、划船、參訪名勝古蹟……等。在趣味性中學習並習得解決問題的能力。

5. 增加兒童刺激性的學習機會，切勿越俎代庖

為了讓兒童能在操作、思考、解決問題中學習，凡事盡量讓兒童在安全的環境中操作學習，自行體會領悟、頓悟學習，增進頓悟及自行組織能力，可培養兒童釣魚的能力自行解決問題，讓兒童在做中學，而非一直給魚吃，切忌越俎代庖；例如家長喜歡幫兒童做作業或請安親班教師代勞，這些都是不對的。

6. 適時增強、強化認知學習成果

在兒童認知發展歷程中有無數次的學習，但也有很多次的成功與失敗，在成功的學習環境中長大的孩子有信心，成功的經驗也可激化學習的熱誠，可在不停的成功學習中強化認知學習的成果。

七、兒童道德、人格的發展與輔導

黃德祥（1994）認為，道德是指人的習性與品性及所應遵守的規範或準則；一個國家國民的道德人格好，則國人自愛而有競爭力，民強則國富。

個體道德的發展理論很多，如佛洛伊德（Frued）的精神分析論；班都拉（Badura）的社會學習論；皮亞傑（Piaget）的認知發展論；郭爾堡（Kohlberg）的道德判斷論，今分別說明道德的認知發展論、社會學習論和道德判斷論如下：

(一) 道德發展的理論（The Theory of Moral Development）

1. 道德發展的認知發展論

皮亞傑（Piaget）認為個體的道德發展，在新生兒初生階段是屬於無律階段（individualism），嬰兒天真無邪，只要肚子餓、尿片濕就哭叫；而成長至三至十歲時是屬於他律階段（heteronymous morality），黃德祥（1994）指出，他律道德的特徵是順從他人所加諸在他們身上的規範，他律道德的發展具道德實在主義（moral realism）與道德強制（morality of constraint）的性質。在此階段的兒童受制於外在規約或他人的牽制，養成服從的習性，若違反了規約將受到懲罰，也因個體怕受到懲罰，而養成他律的服從行為，在此階段認為兒童的道德發展在內心具有強制力。

自律（autonomous morality）是道德發展的最高層次，也是一種合作的道德（morality of cooperation），兒童約在十歲以後，兒童身心漸漸成熟，認知發展增加了心智功能，人生閱歷愈來愈豐富，也漸漸的瞭解人際間互動的道理，由於「有理走遍天下，無理寸步難行」，兒童在接受師長父母的教誨，在內心的世界知識日漸豐富，意志力也漸增思想愈成熟，而養成有所為、有所不為的自律習性，並且能充分瞭解他人的行為準則或規範，而能相互配合自律的道德規範，自己會知所進退，會考慮行為的前因後果而再自主行動，如表 6-5 所示。

2. 道德發展的社會學習論

班都拉（Bandura）的道德社會學習理論，認為道德是經由學習而來，強調兒童的道德發展是從模仿或認同師長、父母或親友的行為而來；在模仿的歷程中，藉由增強作用和示範作用，而將文化、禮俗規範內化而成，漸漸的個體能表現出符合人類或不同地域文化的社會生活行為，而將道德生活化社會化。

黃德祥（1994）認為社會學習論的道德發展，有三個重點：⑴抗拒誘惑；

▽表 6-5　皮亞傑的道德發展階段論

他律道德	自律道德
一、以強制的關係為基礎，如兒童完全地接受成人的命令。 二、主觀道德實在主義的態度：規範被視為是沒有彈性的要求、受制於外在權威、不能公開協商、善就是對成人與規範的服從。 三、惡的判斷是以客體及行動的結果為依據，同意成人的決定就是公平，嚴厲的懲罰被認為合理。 四、懲罰被認為是違規者自討的結果，正義不是天賦的。	一、自主的個體間以合作及均等的認知為基礎。 二、呈現服從理性的道德態度：規範被視為是相互同意的結果、能公開協商、以個人的接納和共識為合法的基礎，亦就是能以合作和相互尊重的方式符合要求。 三、惡的判斷是以行動者的意圖為依據，均等的被對待或考慮個人的需要就是公平，適當的對違規者懲罰才是合理。 四、懲罰被認為會受人的意向所影響。

資料來源：黃德祥（1994：366）；Slavin（1991: 45）。

⑵賞罰控制；⑶楷模學習與替身效應。很明顯的，兒童自從感覺動作期過後，漸漸的模仿學習，兒童在模仿學習過程中受到避罰服從的制約，及賞罰控制的影響，再從重要他人的楷模學習，在兒童的內心世界產生共鳴與認同學習，在社會生活中又見到替身效應（vicarious effects）的影響，更強化了個體對於事理的對錯是非的判斷，在道德發展歷程中，表現了日漸成熟的行為。

3. 道德發展的判斷理論

美國哈佛大學教授郭爾堡（Kohlberg）的道德發展有三個時期六個階段論，認為道德的發展即生長、階段與重組的概念，分述如下：

⑴ 道德成規前期：兒童約在一至五歲間，在此階段的道德發展，對於一個行為的好壞或是非判斷，採行二個標準，即為行為的後果，是否對兒童的身體或心理產生快樂的結果。道德成規前期又可分為二個階段：

① 避罰服從導向（第一階段）：此階段兒童的行為發展，考慮的重點在於行為的後果，是否快樂與是否受到賞罰，而服從於權威，以賞罰和權威來判斷行為的價值。

② 相對功利導向（第二階段）：此階段兒童的道德發展，以兒童認為正當的行為，就是能夠當工作，來滿足自己或他人的需求。道德行為的發展講求公平、互惠與平等的共享觀念，有相對功利主義的傾向。

⑵ 道德成規期：兒童成長約在五至十二歲之間，在此期的道德發展，為達成個人、家庭、社會或國家的期望為依規，使個人行為符合個人發展、社會秩序和國家的法律，忠誠地效忠於個人所處的團體。此期也分為二個階段：

① 好男好女導向（第三階段）：該階段的兒童注重人際關係的和諧和好男孩、好女孩為導向，而期望能為社會所認同，兒童認為善良的行為就是取悅他人、幫助他人，而能服從於團體中大多數人的行為

標準，為大家所接受或歡迎。

② 法律秩序導向（第四階段）：此階段的兒童，認為行為應該符合固定的規則，維持社會良好的秩序為導向，正當的行為是履行個人的義務，尊重法律權威，維持善良的社會風俗習慣與秩序。

⑶ 道德成規後期：青少年約在十三歲以後，道德發展即進入成規後期，該期的青少年已能朝向自律的道德發展原則，凡事會以理智、成熟的思維為考量，行為的判斷標準，在自己的內心有一定的準則。此期分為二個階段：

① 社會規約導向（第五階段）：此階段的青少年已能有明確的道德思維模式，行為的發生均以守法為先，並以個人權利及被社會考驗約束為依歸，個人的價值與社會規約和國家的法律相符，認為法律之外，自由協議與契約是約束的義務。

② 普遍道德原則導向（第六階段）：此階段的道德發展已臻成熟時期，個體因認知、內涵、修養、品德的養成，而有隨心所欲不逾矩的傾向，以正義、尊重、向上提升為個人努力標準，內心充滿善良意志的道德涵養。

(二) 道德、人格發展的輔導

1. 道德人格發展宜循序漸進，重視價值澄清

道德的發展有其順序，在道德認知論中從無律、他律到自律，在道德判斷論中由成規前期，成規期而到成規後期，在道德的發展輔導宜配合其順序，才能事半功倍，而道德、人格發展注重心智的成熟來制約行為的表現，所以應從改變心智思維開始，而心智思維的進步可從價值澄清方向努力。

2. 身教、言教、境教配合，適時增強促進道德發展

班都拉的社會學習論，認為道德可經由學習而來，由父母、師長或重要

人士的生活言行表現學習。讓青少年、兒童由心智思維產生認同而起模仿效應，也可由替身效應（vicarious effects）產生心智的改變，進而引發個體道德、品德、人格的發展，尤其在道德行為表現良好時應予增強作用，促進道德人格層次的向上提升。

3. 物質、精神的增強宜因人、因事、因時而異

幼兒、兒童早期、兒童中期，以物質增強為主。增強物宜多樣化、多變化、刺激化、個別化，讓受獎者會喜愛它而強化其效果，少年期、青少年期隨著歲月增長而心智漸趨成熟，此時增強作用以精神為主、物質為輔，相輔相成。

4. 道德發展應從家庭、社會、學校教育全方位配合

兒童、青少年幾乎每天生活在家庭、學校及社會中，因而道德教育要顧及三方面且面面俱到。在家庭中父母以身作則、賞罰分明，培養良好的人生態度為生活習性；在學校中校園內的教學生活環境布置，教師的心靈啟發由外制而內化，給予價值澄清專題討論，讓良好的道德品格的學習成果，能自然流露在日常生活中；在社會方面，政府宜推行善良風俗，提倡健康有品味的美德生活，剷除社會亂象、歪風，讓國人提升自已的品德層次，而能達到生活品德化、品德生活化。

第七節　青少年期的發展與輔導

青少年（adolescence）約在十多歲至二十歲之間，相當於我國國中或高中教育的階段，是個體一生中身心最為快速發展與改變最大的階段之一，不論在生理、認知、情緒、智力、社會性、性成熟、道德……等方面，均有了新的成長（黃德祥，1994）；也是一個人一生中身心改變最大的一個時期，在教育學上又稱為狂飆期，若飆向正向則前途光明，若飆向負向則可能成為問題青少年，因而也是人

生的關鍵期或轉型期（transitional period）；因為青少年期是人生的關鍵期之一，它影響一個人一生的成敗甚鉅，青少年時期若發展良好，可能成為未來美好前途的基石，若沒有發展良好，則可能日後要花費更大的心力，才能改進過去的缺失。青少年期是個體一生中學習記憶、思考、創意、社會性發展，最好最有效的時期，因而為人父母、師長者更應瞭解兒女在青少年期的成長需求、給予最好的教導。

一、青少年期的生理發展

(一) 身高體重

個體進入青少年期，就是所謂的青春期，青春期約持續二至六年左右，青年男女在進入青春期時，其男女性荷爾蒙（hormone）分泌旺盛，內分泌暢旺，因而身高、體型、體重、第二性徵方面均會有明顯的變化，也是一生中變化最為快速的階段。

身高方面：張媚等人（2003）認為此期的身高增長約百分之二十五。男女平均長高約二十四公分，因而又叫陡增期或噴射成長期（growth spurt），到了青少年期結束，個體均已具備了生殖能力，且身高已達成人的百分之七十五至八十，女性的身高甚至可達成人的百分之九十以上。

體重方面：在青春期由於身高的快速長高，相對的青年男女在此期體重也會明顯的增加；張媚等人（2003）指出，女孩在十至十四歲時體重約增重十七公斤。年平均增重三至四公斤，男孩在十二至十六歲時約增加體重十九公斤，年平均增重約五公斤，尤其最近幾年國人經濟水平提高，國人飲食習慣改變，因而體重過重的青少年增加很多。

(二) 外觀

由於青少年正值青春期和少年期，該期內分泌腺特別旺盛，男性的睪丸會分泌睪固酮素（testosterone）及雄性素（androgen），女性則是卵巢會分泌雌性素（estrogen），而使得青少年的外觀明顯產生改變。一般而言，男性骨骼變得粗

壯、肌肉發達、長鬍鬚、長喉結、身高則拉長看來像似小大人般；在女性則內分泌腺發達，皮膚表層脂肪較多，皮膚變得細膩、光彩、滑潤，充滿青春的活力，身長則拉高到近似成人的身材，外貌有明顯的改變，如乳房隆起、陰毛生長、月經來臨，聲音也變得較為尖銳，男生聲音則較為低沉。在青少年期不論男女，此期皮脂腺較為發達，有的個體會長青春痘，甚至會陸陸續續的有腿毛、胸毛持續在增生中。

(三) 身體各系統

1. 骨骼肌肉的運動系統

   骨骼系統的發育依序為四肢發育較快，最後才是軀幹骨骼的增長與骨化，在青少期即能發育成成人般的體型、樣式和比例，女孩進入青春期較早，因而在青春期時女孩的身高即有明顯的變化。

   肌肉系統的發育與內分泌系統有關，男性肌肉發育隨著雄性素分泌量增加，使得男性肌肉發達硬朗、骨架變粗、胸毛、腿毛的增生，而散發出猛男的架勢；但也因骨骼肌肉系統的發育，與身體各部位發育速度不一致，使得青少年產生動作不協調的現象。女性則骨架細小、肌肉細膩滑潤，女性的肌肉質量約為男性的二分之一，因而女性的力氣均較男性力氣為弱。

2. 生殖系統

   男女生的第一性徵是與生俱來的，但隨著年齡的增長也持續在發育中，如男生的睪丸、陰囊、陰莖，女生的卵巢、子宮、陰道。在青春期前，第一性徵性器官發育緩慢，直到青春期即開始快速成長，直到約二十歲才發育完成。

   青少年的第二性徵，是由於第一性徵的日漸發育，約在青春期（男生十三歲，女生十一歲）即開始大量分泌性激素，男性分泌雄性素，導致男性陰毛、體毛增生，有夢遺射精的現象，男性的聲音也開始變為低沉、骨架變寬、皮膚粗糙厚實、毛細孔粗大。

女性分泌雌性素，因而乳房開始隆起、突出，月經也週期性的報到，開始有排卵能力、陰毛增生、臀部變大、聲音變為尖銳而頻率高、皮膚細膩滑潤而光澤。如表 6-6 所示。

▽**表 6-6　兒童中期末及青少年期性生理發展的順序**

年齡（歲）	男生	女生
8～9	－	子宮開始發育，骨盆開始變寬，臀部開始變圓，皮脂腺分泌增多
10～11	睪丸及陰莖開始增長	乳頭、乳房開始發育，出現陰毛
12	喉結開始增大	乳暈、乳頭突出、生殖器變大
13	出現陰毛、睪丸對壓力之敏感度增加、睪丸及陰莖增大	陰道分泌物從鹼性變成酸性，乳頭色素沉著，乳房顯著增大
14	聲音變粗，乳房發脹	月經初潮，腋毛生長
15	陰囊色素增加，腋毛生長，開始長鬍鬚，睪丸增長完成，出現遺精	明顯的骨盆變化
16～18	臉上長痤瘡，面部及身體毛髮增加，身高增高與肩部變寬，陰毛呈男子型	月經有規則而排卵，臉上長痤瘡、骨骺閉合，停止長高
19～22	骨骺閉合，停止長高	－

資料來源：張媚等（2003：252）。

3. 消化循環系統

嬰兒出生時，心臟約為三百五十公克，到了六歲時，心臟已達新生兒的六倍重，直到十八歲才接近發育完成，但動脈、靜脈輸送血液循環全身的系統，於十三歲左右就已接近成人狀態。血壓、脈搏、心跳則於青春期後（十五歲左右）正常運作，維持常人的心跳範圍。

消化系統方面，新生兒胃的重量約為八公克，到青少年期增加到八十公克，到成人時則為一百三十公克左右，在青少年期由於青少年運動量大增，需要較多的能量，因而也消耗較多的食物，消化系統也急速在發育中。

4. 腦、脊髓、神經系統

人體的腦及神經系統發育較快，大腦、小腦、腦神經、脊神經約在十歲左右發育完成，青少年初期，腦及神經組織的質與量均已接近成熟，與內分泌系統配合，維持青少年大量的活動與腦的運作，控制全身行為的表現。

二、青少年期生理發展的輔導

(一) 食物種類宜多，營養要均衡

青少年期是一個人一生中生理、心理、社會發展最為快速的階段，對於蛋白質、礦物質、維生素……等的需求最為殷切，因而青少年期食物的種類要多，並要有良好的飲食習慣，拒吃高糖、高鹽、高熱量的食品，才能擷取各種營養素，保持生理健康成長，青少年喜歡各種運動，每天活動量很大，需要食物來補充體能，否則青少年容易有疲倦的現象。

(二) 生活作息要正常，睡眠要充足

青少年期因喜歡活動，對於各種新奇事物很好奇，學習欲望也很強，容易染上各種不良惡習，如吸毒、網咖、電動玩具店、看A片、轟趴……等，這些惡習會嚴重影響生活作息，導致日夜顛倒睡眠不足，而對身心正處於快速發展，發育階段的青少年是嚴重的傷害，宜養成早睡早起多運動的習慣。

(三) 正確的性教育及整潔衛生的良好習慣

青少年期因身心發展速度不一致，而有身心不協調、情緒不穩定的現象，易於情緒衝動影響身心健康。目前社會很多青少年普遍對於男女性知識不足，性觀念偏差、性態度過於開放，以致養成過度性幻想而有手淫的習慣，不當的性行為對於生殖系統尚未發育完全成熟，生理機能尚未完全的青少年，是一種很大的損傷，青少年期也是生殖系統開始快速發育的階段，良好的衛生習慣甚為重要，萬一感染到生殖系統而產出各種病變，容易影響日後的生理功能。

(四) 寬廣的生活空間及正常的休閒運動

青少年期是身體發育最為快速的階段，也是情緒性好動的時期，宜鼓勵多參與接近大自然戶外性質的活動，使循環系統、呼吸系統、運動系統健康正常發育，配合骨架的建構身材體型的形塑，建議青少年養成正常、健康、休閒性、舒展性的運動，紓解青少年期因身心發展不協調或生活上、課業上的各種壓力。

三、青少年期的認知、道德、心理社會發展與輔導

(一) 認知發展

青少年期在認知發展中已進入了形式運思期，青少年不再受限於所觀察到接觸到的實體情境才能解決問題，青少年能以抽象邏輯、推理、歸納的語言符號表徵，來做更高層次的思考，以解決生活上、課業上的各種問題，青少年期也是個體在記憶、假設、推理、演譯、歸納、探索的學習高峰期，其學習新奇事物及創意推理思考，思緒的脈絡是非常驚人的，也因正面臨學習高峰期，所以青少年期充滿好奇心，師長或為人父母者亦善用青少年學習的最好時段。

(二) 道德發展

青少年期的道德發展，在皮亞傑的認知論中，認為兒童道德發展若能進入形式運思期，便能以高層次的推理思維進行道德判斷，將有助於普遍道德原則的建立，而順利的進入自律階段，但事實上仍有很多人仍停留在他律的層次，這或許和青少年自處的環境文化有關，青少年若能以推理思維進入道德判斷的自主道德，則很自然的道德發展便進入郭爾堡的道德成規後期，而朝向自律的道德原則，則道德發展便符合確實性和應用性，有利於社會規約導向和普遍性的道德倫理原則導向。

(三) 心理社會發展

1. 性發展

安娜・佛洛依德（Anna Frued）認為個體在經過兒童中期的性壓抑潛伏期後，進入青少年期時，由於內分泌腺的分泌開始旺盛，受生長激素、雄性激素和雌性激素的分泌作用，個體對於性的衝動、性慾需求轉為強烈，因而師長或為人父母應瞭解青少年身心發展在該期的特質，並適度引導性的發展給予正確的性教育知識，紓解青少年的性壓力。

2. 情緒發展

青少年期對本身的自我概念、自我認同（self-identification），仍在建立重整階段，對於人生閱歷仍處於探索時期，對自已缺乏信心，而青少年期是身心發展內分泌腺分泌暢旺的時期，容易引起青少年情緒升高衝突，而產生情緒性的壓力，萬一遇到小挫折或不如意的事情發生，即易引起青少年的嚴重情緒困擾或暴發衝突，個體在此階段易產生反抗權威向父母挑戰，對現存的許多文化制度不滿意而有叛逆傾向，因而又稱狂風暴雨期（stormy period）。

3. 社會性發展

社會化（socialize）是個體學習參與社會所需具備的知識與技能，並能表現適當行為的歷程，青少年期的社會化是個體與環境的交互作用，由原先兒童時代次要角色，走入社會主體角色的歷程，青少年不但學習自己的角色行為，且期盼他們社會化後能成為成人角色，培養自我負責與獨立自主的參與社會性活動能力（黃德祥，1994），在馬斯洛（Maslow）的需求論中，青少年期在生理需求獲得滿足後，渴望達成社會性需求和自尊的需求，期望自己在同儕中能被別人所接受認同，甚至成為同儕團體中重要的一份子，因而在此階段同儕的影響力可能比父母還大，喜歡參與各式的幫團或參加集會活動，因此易被幫派或不良團體所吸收，為

▽表 6-7　**個體心理社會發展時期**

階段	心理社會危機	重要社會環境	有利之影響
0～1 歲	對人的基本信念感——不信任他人	母親	驅力和希望
1～3 歲	活潑自動——羞愧懷疑	父母	自制和意志力
3～6 歲	自動自發——退縮、內疚	家庭	方向和目的
6 歲～青春期	勤奮努力——自貶自卑	鄰居、學校	方法和能力
青年期	自我統整——角色錯亂	同儕團體	奉獻和忠貞
成年期早期	友愛親密——孤獨疏離	夥伴	親合和愛
成年期中期	精力充沛——頹廢遲滯	分工和享受家的溫暖	生產和照顧
成年期後期	自我統整無憾——悲觀絕望	「人類」氣味相投者	自制和智慧

資料來源：林敏宜等（1998：175）；**蘇建文等**（1995：389）。

人父母者應予特別留意與關心，如表 6-7 所示。

四、青少年期認知、道德、心理社會發展的輔導

(一) 配合青少年期的認知發展，提供富有創意、探索、邏輯、推理的教育環境

青少年時期個體的認知發展已達形式運思期，青少年喜歡抽象、思考、推理性的活動，因而師長或為人父母者，應配合青少年認知發展，滿足青少年求知欲追求真理的熱忱，提供富有創意、探索、邏輯、推理的教學環境，促進智能的開發。

(二) 配合青少年期道德的發展，宜採價值澄清推理判斷的道德教育

青少年期的道德發展，已由他律階段提升到自律階段，也由成規前期要邁向成規期或成規後期，注重道德思維的推理判斷，因而宜採價值澄清或兩難困境的教育方法，由青少年自行依道德認知發展知能，自行重組道德知識，提高青少年的道德發展層次。

(三) 給予正確的性教育，提倡健康休閒運動，紓解性的壓力

青少年期已邁入青春期，性腺分泌性激素暢旺，又因此期身心發展有不協調的現象，容易產生性機能亢進而發生性衝動的行為，因而為人師長、父母除應給予正確的性觀念、性態度外，還要鼓勵青少年多參加健康休閒性、團體性的運動，多接近大自然藉以紓解性壓力及穩定青少年的情緒。

(四) 適性化、人性化、生活化的教育，鼓勵青少年參與社會性的活動

青少年時期個體需獲得社會歸屬感與自尊的需求，以表現符合次級團體的社會文化行為，為人父母、師長應因材施教適性化的教育，人性化的關懷，生活化的教材使青少年獲得自尊與自信，鼓勵多參與社區性、跨校際的活動，以培養獨立自主積極樂觀的人生態度，以符合社會化的發展。

格言集

親職格言：

（取材自林進材《成長路上親子行》）

在嘲笑中長大的孩子畏首畏尾；在譏評中長大的孩子苛責別人。

在疑惑中長大的孩子滿腹狡詐；在敵對中長大的孩子常懷敵意。

在親熱中長大的孩子宅心仁厚；在鼓勵中長大的孩子滿懷信心。

在誠實中長大的孩子有正義感；在讚美中長大的孩子懂得感激。

在團體中長大的孩子愛人如己；在知識中長大的孩子明白事理。

在忍耐中長大的孩子泱泱大度；在幸福中長大的孩子前途美好。

治家格言：

經難念，難念經，家家有本難念經；

生活難，難生活，家家要快樂過生活；

好生活，苦生活，只要樂觀就很好活。

問題與討論

1. 父母角色的調適要及早準備，您已準備了哪些？您如何成為一位成功有效能的父母？
2. 好父親、好母親各有其標準，請檢視一下您可能做到何種程度，請為自己打一下分數？
3. 請檢視一下您父母教養您的方式是哪一類型？您將來又要以哪一型來教養您的兒女？
4. 兒童心智能力的開發在六歲以前很重要，您將想要如何來輔導您的小孩？
5. 在記憶中您的父母平日以哪一種方式與您溝通？您認為如何？您計劃以哪一種方式與您兒女溝通較好？
6. 圓融溝通的原則有哪些？親子溝通應有的態度如何？溝通的致命傷有哪些？
7. 青春期的青少年易於產生反抗行為，您將以何種方法來輔導？若是父子間經常對立，您將如何解決？

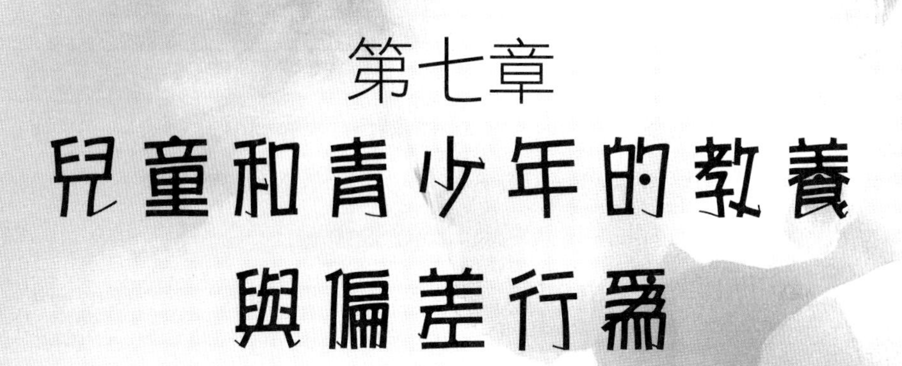

第七章

兒童和青少年的教養與偏差行為

第一節 兒童和青少年的教養

教養孩子是一門高深的學問，也是一種實用的教導藝術，有的父母、師長不但子女教得好，子女的表現也好，親子的互動亦師亦友，溫馨的親情充分流露在日常的親子互動中；同樣的，也有的父母為了教養孩子，親子間彼此怒目相向，互不信任，宛如路人。前後兩者均是為人父母，但表現出來的卻是完全不同的兩樣情。父母的地位是天賦，林朝鳳（1994）認為，我們無法期望全天下的父母都具有類似醫師、教師或法官等人員的專業態度，但是透過親職教育，可協助父母們瞭解教養子女的專業知能，因而成功稱職的父母是可以學得的。

一、教養子女知能的重要性

有好的教養子女知能，就能培養出優質的下一代。社會上有很多人一直羨慕教師的工作，因為在台灣，很多的教師都教養出優質的下一代子女，他們的下一代兒女很多都是教師、法官、醫師或建築師，他們的下一代子女在社會上的表現，不但生活禮儀、品德受人肯定，在職場專業上的成就更是高人一等，他們的下一代很有競爭力，所以教養子女的知能實在非常重要。

(一) 社會快速變遷，教養子女的知能更爲重要

社會變遷快速也更為複雜，教養子女知能學理更需與日精進，因而教養子女的知能學習更為重要，否則為人父母者會以前人管教子女的經驗，複製到自己子女身上，子女會感覺似乎與父母的心理距離愈來愈遠，代溝就會一代一代再加深，親子間在心靈上難有交集，親子的感情就會像路人。

(二) 有教養的子女是社會的安定力量，更是國家競爭力的表徵

有教養的子女，一般而言，肯學、上進而講理，在專業上的表現更為突出，

他們是社會上一大穩定支持的力量，也為國家帶來更高層次的競爭力，帶動社會國家的發展，是評估國家整體競爭力的表徵之一。

(三) 掌握兒女的教養關鍵期，子女們沒有再版的青少年期

個體的成長有其階段性，如新生兒、嬰幼兒、幼兒、童年早期、童年中期、青春期、青少年期……等，而每個成長階段都有不同的階段性任務，故每一成長階段教養子女的知能不同，而且有很大的差異；例如新生兒階段重在衛生、保健、母乳的重要性，青春期則應留意子女的生理發展、認知發展的開發，社會心理、情緒性的穩定，為人師長或父母應深入瞭解學生或子女的成長發育階段及個體的特質。階段性的教養子女任務，採取適時、適性教導，畢竟子女個別差異大，而且隨著歲月流逝，為人父母錯過一時的教養關鍵期，會擔誤子女一生的發展，任何人均沒有再版的青少年期。

二、優質的教養子女方法

親子的互動型式有權威專制型、無為而治型、討好放任型、責備挑剔型、說教嘮叨型、理智開明型等，到底親子間宜採何種互動模式？其實見人見智，也因為父母、子女的特質不一，因而各種互動型式的優劣互見；在子女心目中的理想父母、有效能的父母到底如何扮演，使得如何教養子女成為一門高深的學問，更是一種高級的管教藝術。約略說明如下：

(一) 認清子女特質，適性輔導、因材施教

每位學生或每位兒女，不僅男女個性有別，其嗜好、興趣、專長、優點、弱點更是彼此差異，即使同樣是一對夫妻生下的兒子或是女兒，其子女間特質也不可能完全相同，為人父母者要用心的去認識自己的兒女，明瞭每一位兒女的特質與天賦，以及彼此間的差異，採適性輔導因材施教，絕對不能以一套方法試圖教養所有的兒女。

(二) 認清父母職責，善用教養藝術

林朝鳳（1994）認為父母對子女的責任，不僅在身體的養育，也應包括心理的輔導，這種責任是父母共同的，而非單方面所有。父母對於子女行為的發展，子女智能的開發、夫妻和諧關係的維護、家庭經濟情況的安排、對待子女的態度、環境的設計安排……等各方面的知能，夫妻均應深入瞭解學習，認清父母應有的職責善盡父母的天職，對於各種教養方法深入瞭解，有效靈活的應用教養藝術。

(三) 教養目標明確，適時激勵增強

父母教養子女應給予兒女明確具體的方向與行為目標，讓兒女知所依循。例如很多的父母常說兒女將來要勤儉持家自立自強，但父母卻常常帶著兒女吃麥當勞、肯德基等速食，對於兒女貪睡、懶散的生活作息又不加理會，那如何能教養出勤儉、自立自強的兒女呢？為人父母應明確告知兒女成長的生活方向，若兒女表現良好，應適時鼓勵，善用增強原理，以強化兒女良好的行為表現。

(四) 身教、言教，更要有好的家教

為人父母對於子女的教養，除了瞭解教養子女的知能以外，並要靈活應用各種教養方法，父母對於子女的教養應循循善誘、諄諄教誨，以愛心、耐心來對待每一位兒女，並能以身作則，透過日常生活的學習，給予兒女良好的示範，為人父母平日待人處事接物，應有一定的生活準則，表現出有教養、有禮節、有希望、有未來的精神與風範，那是兒女最好的學習榜樣，是一部自然的活教材，更是最好的家庭教育。

(五) 認清成長階段，適時適性教養與輔導

兒女成長的階段不同，在每一成長階段中其階段的特性，階段性的任務不同，兒女個別的特質也不同，為人父母者應深入明瞭兒女成長的階段，及每位兒女的特質，每一階段性的任務及各階段的輔導方法，給予適時、適性、適當的輔導。

(六) 父母教養理念一致，配合學校教育、社會教育

夫妻來自不同的背景，因而其價值觀、人生觀、教養子女理念不一定完全相同，但夫妻要溝通、要協商、要一起成長，取得子女共同一致的教養理念，夫妻採取共同的意識、目標與子女發展方向，其教養子女方法可彈性，但方向、目標要明確，並配合學校師長的教育，讓兒女在一個方向明確的教養中成長，並符合社會的期待。

(七) 關懷兒女的同儕，對待兒女要互尊互重

成長中的兒女如進入兒童中期後，社會性的需求殷切，同儕間的歸屬與認同感甚為重要，有時同儕的影響力不容小覷，為人父母對於兒女同儕的認識、瞭解與關懷，無形中可增進親子間的關係；並能與兒女互尊互重，不可把兒女當成父母的附屬品，隨意漫罵、隨意使令，讓兒女在健康、溫馨、有愛、受尊重的環境中長大，自然的將來在社會中就能與人和善相處，並能與人互尊互重而有良好的人際關係。

(八) 眞愛而不溺愛，合宜期望激勵成就動機

天下父母心哪個不疼愛自己兒女？但愛要有方法、要講究藝術，不可未倒先扶，更不可溺愛。台灣社會近幾年來，面臨國人價值觀嚴重扭曲，更由於少子化的關係，父母沒有用心去瞭解如何表達對兒女的關懷、如何來愛護自己兒女、如何培養兒女的挫折容忍力，而一味的寵愛和溺愛，影響兒女的價值觀及人格的發展。對於每位兒女的特質、專長、缺點都應該要認真去評估，給予合理而可欲的期望，適時而適度的給予激勵成就動機。

(九) 和諧的親子關係和幸福溫馨的家庭是教養子女的不二法門

親子間由於年齡的差距思想的距離，難免會有意見不一的時候，但親子間要有默契，父母不可用成人的權威壓制兒女的思維意見，兒女不可以哭鬧來換取父母的同情，彼此應以關懷、理性、開明、積極的態度做為親子互動的基礎，營造

和諧的親子關係，父母更應以身作則，攜手建構溫馨幸福的家庭，使兒女在溫暖、有愛、有希望的環境中成長；兒童的教養方法很多，親子間的溝通互動不易、每位兒女的身心特質有別，各個兒女成長的階段任務不同，為人父母者應以愛心、耐心、努力學習，長期進修學習有關教養子女的知能及藝術，營造溫馨幸福的家庭，合理的對子女可欲的期望，開發每位兒女的潛能，使他們對社會國家有服務的熱誠，期待好的教養方法，孕育健康有活力的下一代。

第二節　兒女挫折容忍力的培養

經常有人戲稱六、七年級的新生代為「草莓族」，意謂著這些年代出生的兒女經不起風吹雨打，如同溫室中的花朵，若有環境重大的變化，就會像草莓般易於腐爛而無法接受挑戰，更無法忍受各種衝擊與壓力；其實人生的旅途非常漫長，絕對無法塑造出一個永遠為任何人或為某人生存的環境與空間；相反的，人生的旅程中有來自四面八方有形、無形的衝擊與壓力，那才是正常的，能接受惡劣的環境變化與壓力衝擊，才能激起生命的漣漪，綻放出精彩美麗的人生光芒，創造有意義的人生。還記得有一首歌「愛拼才會贏」，描述著人生就如海上的波浪，有時起有時落，但只要人生的方向目標正確，最後能忍受挫折壓力，克服障礙者才是最大的贏家。

一、挫折容忍力之意義及缺少挫折容忍力的成因

挫折容忍力（tolerance of frustration）是指一個人能忍受逆境及環境重大改變的壓力，而能忍受身心痛苦壓力及對環境的適應生存能力，諸如課業、家庭、工作、事業、身體、感情、經濟、生活……等，各方面產生困頓與艱難時，能忍受並坦然的面對而能化險為夷，在順境時不驕矜，處逆境時不氣餒，勇敢的面對人生每個挫折與情境，發展健全的人生態度。

缺少挫折容忍力的成因，包含以下幾點：

(一) 家庭教育的失誤

1. 家庭的子女數較少，父母不忍心讓子女受苦

現代的家庭子女數少，有的家庭甚至只有一位孩子，他（她）們在父母的心中每個都是寶，父母捨不得讓孩子吃苦，免除子女的辛勞，過度溺愛，使兒女如同生活在溫室中養尊處優的花朵，甚至不知民間疾苦。

2. 父母理念偏差

很多父母總認為孩子小，能力有限，無形中產生過度保護子女的心態，使子女喪失了很多成長的良機及接受挑戰衝擊的機會，因而孩子很難接受環境的衝擊，萬一生活中有重大變革就很難適應生存。

3. 未跌先扶，怕輸不起的錯誤觀念

父母望子成龍、望女成鳳，此乃天下父母共同的心願，但有的父母過度期望，總認為要贏過別人不能輸才有面子；因而在兒女將有困境或預知兒女有任務、有壓力將屆時，即先行替兒女安排或替兒女解決，這種未跌先扶的觀念，怕跌倒後不易站立起來的想法，讓兒女始終沒有接受抗壓的機會，日後生活中發生挫折即難以忍受。

(二) 學校教育的缺失

1. 生活教育品德教育的不足

現代的國民教育偏離學校教育目標，不重視生活教育品德教育，更別談全人教育，學生缺少生活教育品德教育，養成對人不知尊重、對己不知要求、對事不知負責、對物不知珍惜，對於人情世故更無所知，因而不知感恩不知進取，如此怎麼會有抗壓的能力呢？

2. 過度重視升學主義

一般父母總認為孩子只要功課好，其他都無所謂，這種錯誤的觀念會影響學校教師的作為，因而各校只重視升學，而不重視人格道德情操的培

養，更不知何謂挫折容忍力。

(三) 社會風氣的迷失

1. 人生價值理念的誤解

時下很多青少年只注重物質的享受，而忽略精神生活的滿足，很多成人只注重名牌享受，青少年又對偶像藝人的無條件崇拜，沒有留意人生的意義與價值，青少年不知努力進取及對社會的責任與奉獻，只求個人眼前的名利。

2. 媒體觀念的誤導

台灣現在很多媒體為求生存，只重視報紙的銷售率、電視的收視率，而似乎忘了更重要的媒體社會責任，造成媒體一再追求八卦，追求怪力亂神，報導一些迷戀社會的奢華風尚，誤導了青少年的心靈成長，產生偏差觀念追求速食風氣，青少年不肯吃苦，沒有萬丈高樓平地起的觀念。

3. 社會觀念的偏差

目前台灣社會追求速食風尚，想一夕致富、一夕成名，甚至有大幹一票的錯誤觀念，沒有用心去體驗靠自己努力，辛苦奮鬥而得的甜蜜果實與成就感。因而前人白手起家、勤儉致富，積沙成塔的社會普世價值正在流失中，造成很多青少年不肯吃苦耐勞，不肯去上班工作，而以非法手段販毒、搶劫、綁票、大樂透、賣淫……等的速成方式，來維持生活的觀念。

二、挫折容忍力低的徵兆

1. 眼高手低、好高騖遠。
2. 貪逸惡勞、不肯付出。
3. 依賴成性、沒有自立自強念頭。
4. 失敗總有理由、過錯在於別人。
5. 易於退縮、怕接受挑戰。

6. 臨陣脫逃、貪圖近利。
7. 物質生活至上、精神生活空虛。
8. 情緒不穩、易於衝動。
9. 憂鬱寡歡、消極悲觀。
10. 耐性不足、不肯吃苦。
11. 缺少企圖心、沒有成就動機。
12. 人生沒有目標、沒有生涯規劃。

有關挫折容忍力低的青少年行為徵兆，可從生理、心理、行為、生涯規劃與終身學習方面來分析，如表 7-1 所示。

▽表 7-1　挫折容忍力低的徵兆

	徵兆現象
生理上	貪圖享受好逸惡勞，喜歡速食文化，欲求高漲
心理上	依賴成性精神空虛，不求長進怕吃苦怕操勞，耐心不夠不知珍惜，易衝動易退縮，崇尚速食文化
行為上	逃避問題追求時尚，愛好虛榮不知上進，不肯做基層的苦差事
生涯規劃	沒有終身學習理念，沒有生涯規劃意念

資料來源：作者自行整理。

三、如何培養兒女的挫折容忍力

(一) 重視父母的身教、言教及境教

父母要營造一個積極有希望不奢華的家庭氣氛，讓兒女知道父母的用心，瞭解父母的苦心，並明瞭古聖先賢的哲理，歷代前人祖先努力勤儉持家的建設家園精神，讓兒女知所感恩而圖強，父母以身作則，使得兒女看在眼裡而知振奮向上。

1. 安排感恩、惜福、艱難的體驗生活

父母應利用休閒旅遊活動，參觀國家重大建設以啟發雄心壯志，積極樂觀的人生態度；安排原住民部落農村漁村的體驗生活，讓兒女知道再苦的日子、再難的生活，人人都可能隨時會遇到，也都要好好的過，積極

的求生意志，培養吃苦耐勞、耐操的特質；到育幼院、貧民區訪問當志工，讓兒女知感恩惜福，生活有所節制而有民胞物與的情懷；參觀殘障教養院，讓兒女知道很多人外貌雖殘，但心不殘，克服千辛萬苦的困難還能活下去。

2. 父母要有生命價值的正確教育觀念

為人父母，教導兒女要重視心靈的充實與成長，而不必計較物質享受，尤其要讓兒女明瞭生命的意義與價值，生活的目的與方向，愛惜自己生命，關懷社會的情操，父母應利用機會教育，教導如志工或永不向命運低頭的生命勇士，如口足畫家楊恩典、志工模範孫越、經營之神王永慶的成長心路歷程。

3. 為人父母對待兒女，不可未跌先扶、寵愛又溺愛

林進材（1995）認為台灣的父母教養孩子，慣用的策略是「圍堵式的教育」，怕孩子跌倒受到傷害未跌先扶，以致於孩子還沒達到危險情境就預先攔截下來，惟恐兒女受到傷害，無形中剝奪了子女探索、接受挑戰危機處理的機會。父母應試著讓兒女在安全的情境下嘗試錯誤，磨鍊毅力與耐力增加挫折容忍力。

4. 延宕滿足，培養積極樂觀的人生態度

子女的需求不見得事事合理，也不一定件件急切，因而當子女有所求時，不一定要立即讓他們滿足，最好由他們本身自己努力奮鬥而得，如此可提升兒女的競爭力與挫折容忍力，生活也會較有節制，人生的閱歷也較為周全，日後處理事情的能力會增強，尤其應培養樂觀積極精神，勇於面對壓力、面對困境接受挑戰解決問題，不必過於悲觀否則於事無補。

(二) 學校教育社會教育的配合

學校教育的目標是全人教育，而非只是一味的重視升學主義，要重視學生的生活教育、勞動教育及生命教育，學校的課程中多教導我國歷代民族英雄的事蹟，

如文天祥的正氣歌、蘇武的邊疆牧羊……等，或現今社會上白手起家的案例，每年大孝獎、大愛獎的真實寫實，從內心澈底教育兒女知所向上刻苦耐勞，社會教育方面政府應鼓勵媒體，多報導好人好事、忠孝節義優質性的節目，啟發青少年效法偉人受苦受難的精神。

第三節　憂鬱症和自殺的成因與預防

台灣二〇〇一年由於政黨輪替，社會上產生嚴重的政黨及族群的對立，經濟不景氣、百業蕭條、治安極速惡化，各行各業壓力大增，造成國民痛苦指數年年增加，國人逐漸把憂鬱症和自殺連為一體，也使得「自殺」與「憂鬱症」成為目前社會人人耳熟能詳的名詞。

精神科醫師翁桂芳於二〇〇四年統計國人自殺死亡的個案中，有百分之八十七生前患有憂鬱症，可見自殺與憂鬱症似乎成為精神科醫學的連體嬰，更可怕的是，根據世界衛生組織（WHO）流行病學的統計，在西元二〇〇〇年憂鬱症已成為影響人體健康的第四大殺手，到了二〇〇二年已躍升為第二位，同時憂鬱症與癌症、愛滋病並列為二十一世紀的三大疾病，顯示有愈來愈多的人罹患憂鬱症，而且憂鬱症患者有愈來愈年輕化的趨勢；這應該是給為人父母者的一大警訊，警告父母平日應常常關心兒女的成長，多留一點時間、空間給家人。

一、憂鬱症的定義與症狀

憂鬱症（Depression）是一種情緒失調的精神官能症，透過時間的累積與壓抑讓它顯現在外，而表現消極、悲觀、不快樂、煩躁，並缺乏對生活的滿足感。根據醫學專家的研究，憂鬱症是可以康復的，早期的發現與治療，絕對有助於即將陷入憂鬱痛苦深淵的人再敞開封敝的心靈；因為憂鬱的最大敵人，就是來自於他人對自己的關懷與尊重，而罹患憂鬱症的人有如下的症狀：

(一) 情感方面

情緒低落，容易哭泣、憂傷、害怕與恐懼，滿足感減少、失去幽默感、容易感覺挫折感，自責、無助、無望而覺得人生沒有希望，容易萌生自殺的意念。

(二) 思考方面

對自己不滿足，低估自己的能力，悲觀、自我譴責、有罪惡感而無價值感，低自尊、記憶力減退，注意力不集中。

(三) 行爲方面

對周遭的事物不感興趣，效率差、生產力低、無精打采、行動遲緩、行為消極，不太想動。

(四) 身體方面

胃口差，食慾減退或增加，體重明顯減輕或增加，失眠與嗜睡而容易疲勞，性慾低、頭痛、頭昏、眼角酸痛、胸悶、呼吸不順，身體容易酸痛及消化系統不良。

二、青少年憂鬱症的成因

社會的複雜亂象、倫理道德的式微、國家的未來希望渺茫、經濟的不景氣，使得國人的壓力愈來愈沉重，造成憂鬱族愈來愈多。青少年憂鬱的原因如下：

(一) 課業與考試升學壓力

青少年可能由於課業重、作業多、常考試，與過度的升學競爭造成挫折感，而引起憂鬱症。

(二)缺乏自信、安全感與前途的不確定性

青少年因處在情緒不穩，人格尚未完全穩定、成熟的階段，若未能獲得父母真心的體諒，親友真誠的關懷，青少年的小小心靈難以滿足而沒有安全感，有時

又對自己外貌、身材不滿意而沒有自信，外加社會的亂象叢生，經濟的不景氣，國民的生活痛苦指數持續增加，青少年對未來的前途充滿不確定性，而易引發憂鬱傾向。

(三) 感情困擾

青少年正值青春期，由於性荷爾蒙的刺激，有性的衝動與對異性心理的好奇與滿足，萬一此時發生感情糾紛或青年男女移情別戀要分手，很容易因感情的困擾而產生憂鬱症。

(四) 同儕關係

青少年對於社會歸屬感甚為敏感，此期同儕影響力經常比父母還要大，青少年很怕自己在同儕團體中不被認同，而產生心理上的困擾，或因結交不良的同儕團體而引起。

(五) 家庭氣氛、親子關係、父母的婚姻、父母的教養方式

家庭的氣氛會影響子女身心的發展，若家庭氣氛不好，尤其家庭經濟及親子互動方式，親子關係及父母婚姻的不美滿，父母教養的方式若兒女難以接受，親子難以產生良性互動，均易引起兒女罹患憂鬱症。

(六) 社會的支持

青少年期的兒女，因身心成長速度不一，因而容易產生身心不協調的現象，此期心理上的需求，他人的關愛、父母的關懷及親友的支持更為重要，若心靈無法獲得滿足，極易產生憂鬱傾向。

(七) 藥物濫用

青少年若有吸毒習慣，易損傷腦神經系統，易於陷入憂鬱愁城，引發幻想或一連串的怪異現象，更易於成癮難以戒除而得憂鬱症。

三、自殺潮的社會病相與自殺的原因

(一) 自殺潮的社會病相

目前台灣社會政經情勢動盪不安，社會大環境惡劣，失業率節節上升，國民痛苦指數年年創新紀錄，最近又有卡奴族的出現，幾乎天天都有父母帶著無辜的年幼兒女全家燒炭自殺，形成一股難以抑制的自殺潮，如瘟疫般的蔓延開來，造成國人對生命價值的誤解，對生命的不重視，如圖 7-1、7-2 所示，而根據衛生署的統計，自一九八五年開始，自殺已成為國人的十大死亡原因之一，如圖 7-3 所示。

台灣每年平均有超過二千人因自殺而死亡，且有百分之三十七的自殺死亡人口集中在中壯年，如表 7-2 所示。男性的自殺死亡率是女性的兩倍，自西元一九九七年台灣社會的自殺及自傷死亡率，年年提升，如圖 7-2 所示，造成社會成本嚴重的浪費與整體社會的不安，好像引燃一把烈火而難以有效抑制，多少個家族家破人亡、家庭破碎；多少人因為重要親友、重要他人的自殺，而天天難過悲傷度日。

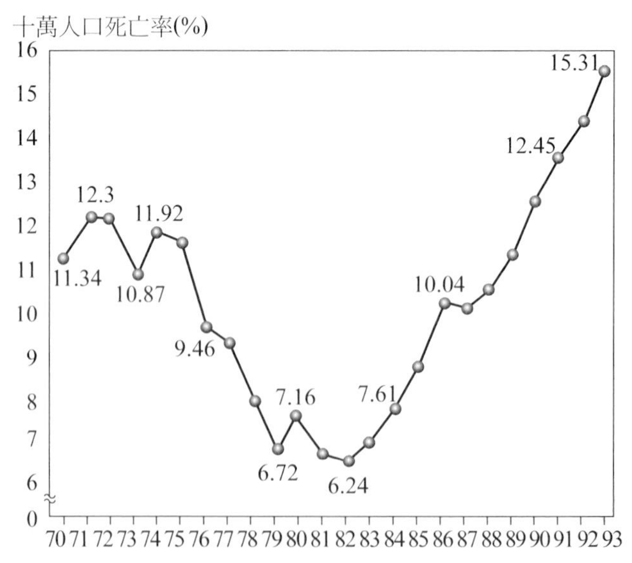

△圖 7-1　台灣地區歷年自殺死亡率趨勢圖
資料來源：曾明隆（2006）。

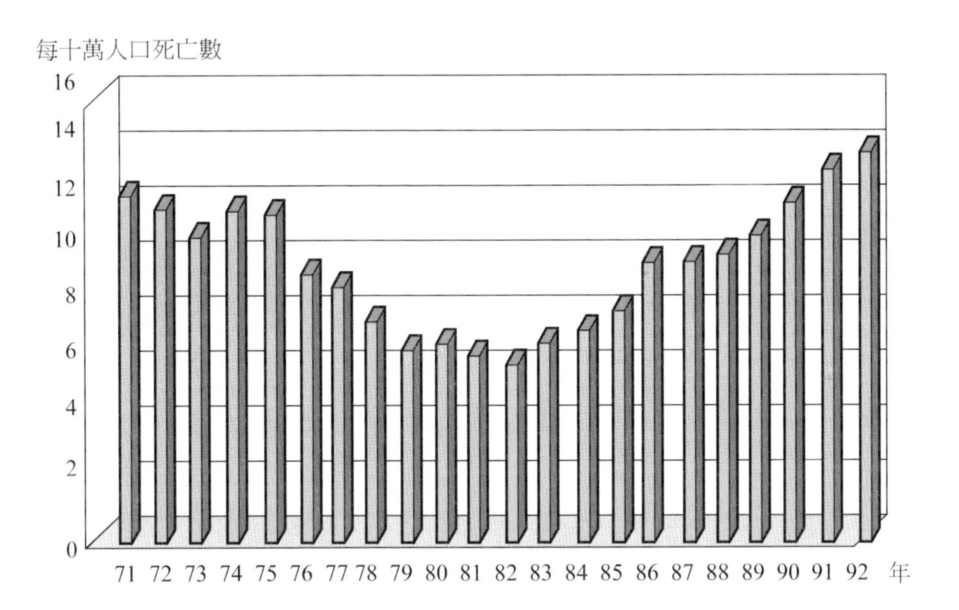

△圖 7-2　**台灣地區歷年自殺及自傷死亡圖**

資料來源：郭晉瑋、陳依峰、陳姿潔、黃千方（2006）。

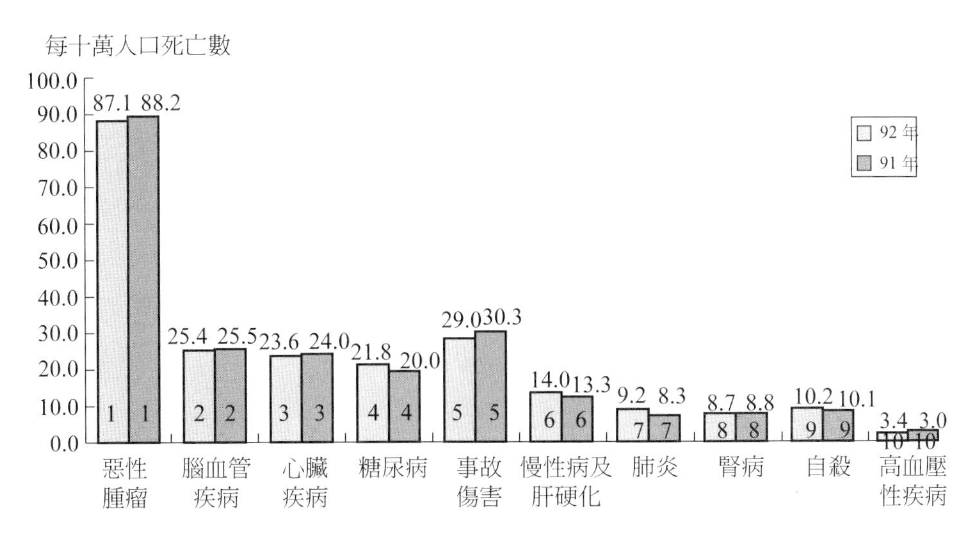

△圖 7-3　**台灣地區國人每年十大死因變化比較**

資料來源：行政院衛生署（2004）。

▽表 7-2 不同年齡層自殺及自傷死亡率

年度	標準化死亡率	10-14歲	15-19歲	20-24歲	25-29歲	30-34歲	35-39歲	40-44歲	45-49歲	50-54歲	55-59歲	60-64歲	65歲以上
1991	6.19	0.40	2.76	8.92	8.59	7.30	8.59	7.05	8.65	9.65	10.52	14.21	27.48
1992	5.62	0.65	2.65	6.01	8.37	7.83	7.10	7.23	7.63	8.45	9.44	15.07	25.36
1993	5.26	0.20	2.29	5.70	8.75	6.32	5.44	6.02	8.50	10.29	8.81	11.06	24.72
1994	5.68	0.25	2.74	6.17	8.10	7.94	7.12	7.85	8.19	10.71	9.95	14.17	23.98
1995	6.17	0.63	2.21	5.87	8.64	8.42	7.85	9.43	8.67	11.78	14.26	15.86	25.55
1996	6.77	0.33	2.54	6.05	9.16	10.48	8.89	10.49	10.18	10.50	16.84	15.30	30.34
1997	7.73	0.58	2.84	5.88	9.37	11.92	12.39	12.10	11.99	13.49	18.71	18.77	34.03
1998	7.56	0.24	2.75	5.81	9.50	12.80	11.24	12.03	12.97	12.96	16.20	19.46	32.79
1999	7.80	0.31	2.04	6.69	9.29	12.12	11.66	13.14	13.28	15.30	18.09	21.24	32.05
2000	8.16	0.50	1.99	5.96	10.46	11.94	12.51	13.68	13.82	15.16	18.58	25.73	35.49
2001	9.07	0.50	2.85	6.41	11.14	12.74	14.84	14.87	15.35	17.81	22.24	27.35	37.64
2002	9.99	0.25	3.19	8.16	12.59	16.26	15.65	18.05	18.97	19.28	24.40	26.16	33.86

資料來源：林佳瑩、蔡毓智（2004）。

(二) 自殺的原因

自殺（suicide）是各種不同複雜原因交織而成的最終行為結果，原因如下：

1. 生命意義的錯誤認知。
2. 負面的價值觀及生活態度。
3. 性格特質易衝動悲觀、太內向。
4. 心理需求無法滿足。
5. 身體病痛或精神疾病。
6. 生活變動過大。
7. 經濟壓力 。
8. 藥物濫用、自傷……。
9. 感情因素。

10. 事業不順或失業。
11. 挫折容忍力低。
12. 媒體不當的誤導與不當的渲染，如誇大不實的誤報鐵路怪客事件、影星、名人的自殺事件。
13. 其他：如性格怪異……等。

(三) 自殺的徵兆（The signs of suicide）

自殺者在自殺前均有跡可尋，可預知也可預防。有自殺傾向者，一般均會向人表示有些問題困擾著他，在語言和行為的表現也有異常現象，如逃避、安靜、孤僻、不願和人接觸、環境重大改變、人際關係不佳、功課退步、感情生變……等，如表 7-3 所示。一般而言，自殺事件大部分發生於晚上或假期結束後，由於夜深人靜、旁無他人，也是孤單獨處的開始，因而一個人容易胡思亂想，旁邊又沒有他人可輔導或關心，容易做出難以挽回的後果。

▽表 7-3　**青少年自殺的早期徵兆**

1. 直接的自殺威脅或評述，會說些：「我希望我死掉」、「家庭沒有了我會變好」、「我一無所有」等話。
2. 有事先的自殺意圖，也許極為微小。近五分之四的人至今會有一次以上的自殺意圖。
3. 身邊充滿死亡有關的音樂、藝術品與個人著作。
4. 因死亡、遺棄、破裂而失去家人、寵物、男女朋友。
5. 家庭分裂（family disruptions），如失業、嚴重疾病、搬家、離婚。
6. 睡眠、飲食習慣與個人健康有困擾。
7. 成績退步，缺乏上學興趣或以前重要的嗜好。
8. 行為方式急遽改變，如安靜、害羞的人變得非常慷慨。
9. 憂鬱、無助與沒有希望的感覺擴大。
10. 從家庭成員與朋友中退縮，並與重要他人疏離。
11. 放棄有價值的東西並將其它事情料理妥當。
12. 系列「意外」或衝動、冒險的行為發生，藥物或酒類濫用、不考慮個人安全、從事危險的活動。

資料來源：黃德祥（1994：615）。

(四) 自殺徵侯的線索

1. 語言上的線索：直接說出或在作文、日記、生活週記、聯絡簿、遺書上約略隱約的暗示。
2. 行為上的線索：突然放棄財產、濫用酒精或藥物。
3. 環境上的線索：家庭重大變動或家中物品東西撒亂滿地。
4. 併發性的線索：無望感、易怒或攻擊行為，睡眠及飲食習慣重大改變。

四、憂鬱症和自殺的輔導

(一) 父母、師長平日要給予生命有關的教育

父母、師長對於兒女要喚起生命的價值，注入生命的意義，讓兒女瞭解生命的重要性；尤其要讓兒女知道，人並不一定只為自己而活，因每個人在社會上有個人責任，家庭的責任及對社會國家的責任，不應只是自私的行為，為自己而活的想法，因一個人的死亡牽涉到周遭一大家族，族人的悲哀與難過，甚至是家族揮之不去的永久陰影。

(二) 提升兒女的挫折容忍力

為人父母要留意兒女的人格特質，提升他們對人生的規劃及遇到挫折打擊時的調適能力，如何紓解隨時可能來自四面八方的壓力，如何去抵抗壓力而提升挫折容忍力。

(三) 增加青少年因應問題的能力

人生旅途在家庭、事業、課業……等多方面，均可能隨時會有新的問題產生，接受新的衝擊，尤其社會愈複雜，問題會愈多愈難處理，因而為人父母者要設法增加青少年因應問題解決問題的能力。

(四) 重視生涯規劃，培養積極樂觀的人生態度

教育兒女依個人能力特質，設定符合其能力的合理目標，做妥善的生涯規劃，

按步就班逐一的往前推進，培養積極、樂觀的精神，才不會遇到問題就往悲觀方向思考，走不出愁城，而萌生自殺念頭。

(五) 親友、同儕、父母、師長的相互關懷

憂鬱症患者或自殺傾向的人，常因缺乏支持與關懷而引起，自以為人生沒有價值，沒人喜歡、關心他，因而愈往悲觀方向思考，甚至感覺人生沒有意義，遇到問題難解時，常以死亡、自殺來解決人生的困難問題。

(六) 參加各式活動紓解身心壓力，並增進視野及開闊的胸襟

鼓勵青少年走出戶外，多參加有益身心健康的活動，接近大自然接受陽光，可使心胸更為寬廣開朗，參加運動可增進身心健康，活動筋骨並紓解壓力，走出憂鬱的陰霾。

第四節　青少年的犯罪、偏差行爲與輔導

有些父母經常被邀請到學校或警察局，當警察或學校教師、主任、校長在告知學生的父母或祖母：「你的兒女或孫子女犯了什麼錯」時，很多的父母或祖父母經常會說：「我的兒子或女兒在家裡都很乖，不可能會犯這種錯，老師你是不是弄錯了！」等到老師們出示人證、物證或拿出警察局知會學校的信函時，為人父母者才會相當訝異：「怎麼我的兒女會做出這種傻事呢！」其實答案很簡單，那就是父母不夠關心兒女或不知如何關心兒女，以及對親職教育的功能認知不足所致。

一、青少年偏差行為與偏差行為的特質

青少年的偏差行為（The deviated behavior of juvenile）是指，青少年的行為已違反社會的正常行為表現或偏離常態的行為，為一般人難以接受社會難以認同。

黃德祥（1994）指出，青少年的偏差行為通常有下列特質：

1. 行為表現與多數人的行為表現方式不同。
2. 行為妨害公共秩序與安全。
3. 行為對個人或他人造成損害。
4. 行為與大人的期望及規定行為方式不符。

青少年的犯罪行為是青少年偏差行為的一部分，兩者形成的原因相似，但青少年的犯罪行為，已構成對社會或他人的侵權與危害。

青少年的偏差行為，如青少年的就學中輟、偷竊、搶劫、打架、幫派、飆車、抽菸、轟趴、喝酒、藥物濫用、憂鬱症、性侵害、賣淫、自殺或行為的失常……等。

二、青少年偏差行為的徵兆

望子成龍、望女成鳳是天下父母心，其實每位父母均希望自已兒女乖巧聰明、孝順懂事，而遇到兒女有偏差行為出現，大部分的父母會對已出事的兒女又打又罵，甚至嚴刑侍候，或夫妻互相指責對方的不是，也有的父母遇到兒女有偏差行為便以為魔鬼纏身、四處求神問卜。其實兒女的偏差行為，事前在日常生活中均會露出蛛絲馬跡，只要為人父母多加留意，應可防患於未然，今將可能的偏差行為徵兆，如表 7-4 所示。

▽表 7-4　青少年偏差行為的徵兆

一、生活上	作息不定、離開家庭或晚歸
二、言行上	言語詭異、有違常規、懼學或拒學、甚至就學中輟 奇裝異服、喜好漂亮、新奇、成群結黨、言不及義 習性改變、行為怪異、內心難安
三、金錢上	恣意揮霍、用錢不當
四、課業上	作業缺交或遲交、功課直直落後
五、親子互動	常起爭執、規勸不聽

資料來源：作者自行整理。

三、青少年偏差行為的成因

(一) 個人的遺傳、環境、人格發展、價值理念、社會性發展……等，均會影響偏差行爲的產生

黃德祥（1994）認為青少年階段，由於身心急速改變，造成個人壓力增加，使得青少年容易有敵意和焦慮感升高，但若個人調適良好，則敵意和焦慮會減少，若適應不良則敵意和焦慮會升高，容易受外在事物的影響而有不當反應，以致產生偏差的行為；也有的青少年由於遺傳染色體基因影響，有衝動基因存在，易於肇事，青少年階段若在兒童期或少年期，個人的人格發展不健全，或價值理念偏差，認為小錯又何妨，於是日積月累，更易於形成犯罪行為。

(二) 課業

有些青少年，由於學習方式不當或學習態度不佳，課業無法有很好的表現，若是再有個人人格發展不健全或受外在因子引誘，更易產生補償效應，在課業方面無法表現出頭，又得不到他人關懷，則在行為方面表現要引人注意，就容易在課業壓力下產生偏差行為。

(三) 同儕影響

青少年階段由於社會性的發展，發展偏重於爭取同儕的認同與社會性的歸屬感，此期同儕影響力量不容忽視，甚至比父母的影響力還大；若是在青少年階段結交到不良同伴，則在朋友鼓舞下近墨者黑，尤其同儕的犯罪連結，更壯大青少年犯罪的膽量與犯罪的價值觀，是青少年犯罪或偏差行為的主因。根據專家的研究指出，不良的同儕團體對於青少年的犯罪行為有催化作用。

(四) 家庭教育

家庭是影響青少年人格、價值理念、道德發展的重要場所，為人父母教育兒女的觀念、生活教育、人格教育、價值觀，均會影響兒女的道德、品格發展，若

是父母的生活態度、價值觀偏差，又對生活教育不重視，兒女就容易產生偏差行為；其他如隔代教養或單親家庭因疏於管教，或對兒女的關心不足，其子女容易產生偏差行為或犯罪的比率也相對的提高。

(五) 社會與社會技巧

青少年所處的社會若是社會文化、制度良好，則青少年受整體大環境的影響，及社會價值觀的作用，就不易產生偏差行為或犯罪；若是社會的大環境不良，常在媒體或生活周遭看到強盜、搶劫、殺人、放火的事件，則無形中對青少年的犯罪動機有增強作用，若再遇上青少年的社會技巧不好，則與父母或外人溝通互動不良，社會適應能力又差，則易導致精神疾病，而有犯罪、偏差的行為產生。青少年所處的社會若是普遍家長社經地位不好，則其子女產生偏差行為的比率也較高。

四、青少年偏差行為與犯罪的輔導

針對引起青少年產生偏差行為與犯罪的原因，為人父母、師長、媒體或中央與地方首長均應深自反省，為什麼台灣的青少年會這樣？不可一味的責怪青少年，應從家庭、學校、社會、國家的機制做全面性的檢討，並力求改進，以遏止目前青少年犯罪的風潮，建立溫馨祥和的新社會。

(一) 家庭方面

1. 為人父母應多留一點時間關心小孩，並以身作則成為子女的好榜樣，學習的好模範。
2. 為人父母應孕育溫馨、祥和、有愛、有希望的家庭，提供子女良好的成長環境。
3. 父母應有正確的價值理念，重視兒女良好習慣的養成及生涯規劃。
4. 父母、師長給予兒女合宜的期望，因材施教。適性輔導。
5. 父母要瞭解兒女並接納兒女，留意子女的同儕朋友，接納兒女的同儕友人。

(二) 學校方面

1. 建立友善校園、全人教育，並培養良好校風，重視學生生活教育及道德人格的發展。
2. 教師有效成功的教學，避免造成學生學習挫折，並給予每位學生合宜的期望。
3. 教師應與家長密切聯絡互動，共同關心學生並留意其表現。
4. 學校適時舉辦創意性、活潑性的活動，紓解學生身心壓力。
5. 善用增強原理，培養學生良好的行為，鼓勵是最好的激勵，若學生有良好行為表現時，教師要善用獎懲原理。

(三) 媒體方面

媒體負有社會教育的重大責任，其影響力非常大，因而在其描述或播報青少年的犯罪情節時，不宜過度渲染，拿捏要適中，且要以正面性的價值取向為原則，具有教育性、示範性的學習作用，媒體本身應自我要求，政府也應對媒體有效管理。其實平面性媒體可邀請親職教育專家，長期性的做親職教育專欄論述，電子、電視媒體也可多製作有益青少年發展，及孕育祥和的社會性節目；不可以以商業掛帥或收視率為主要考量，應負起媒體對社會的社會教育責任。

(四) 社會國家方面

1. 營造溫馨有愛、互相關懷的良好社會文化，使青少年在健康的社會中成長茁壯。
2. 中央或地方官員，要建構富而好禮的社會，使國民擁有良好的生活禮儀，良好的道德情操，人民經濟生活能安定，防患經濟性犯罪影響社會治安。
3. 政府機關應大力提倡親職教育，發行親職教育進修護照、親職教育專刊或推行有益的親子互動活動，讓親職教育成為一種全民運動，更是穩定社會國家的主要力量。

格言集

親職格言：（恭錄〈麥克阿瑟為子祈禱文〉）

請萬能的主，使我的兒子足夠堅強，知道什麼時候他最軟弱；足夠勇敢，在他害怕時能夠自持；使他成為一個勝不驕、敗不餒的人。

請使我的兒子能夠不以空想代替行動；使他認識你同時知道認識他自己是知識的基石。我祈求，不要讓他走上安逸舒適的道路，但讓他接受困難及挑戰的磨鍊及刺激。讓他從中學習，在風暴中站立起來，讓他從中學習，同情失敗者。請使我的兒子心地純潔，目光遠大，使他在學習指揮別人之前，先學會自治，使他成為一個可以矚望將來，但永不忘記過去的人。如果他能做到以上所說的一切，我還要祈禱上帝賜給他充分的幽默感，那樣儘管他可能經常保持嚴肅，但不至於使他自己過於嚴肅。賜給他謙恭，使他可以長久記住，真正的偉大是單純的，真正的智慧是坦誠的，真正的力量是謙和的。然後，做為父親的我，才敢輕聲的說：「我總算這輩子沒有白活」。

治家格言：

以更大的耐心與包容，協助孩子渡過成長的依賴期；

以更堅強的毅力與決心，永續經營溫暖的美好家園。

問題與討論

1. 教養子女的方法是一門藝術也是專業性的學問，您對教養子女有何計畫與方法？跟當年您父母的教養方法有何差異？
2. 什麼是挫折容忍力？缺少挫折容忍力的成因是什麼？您有何高見可培養兒女的挫折容忍力？
3. 請您訪視家庭教育中心或縣市的生命線，彙整自殺的成因及自殺的徵兆表。
4. 國人罹患憂鬱症的人愈來愈多，憂鬱症的定義及徵兆如何？應該如何預防憂鬱症？
5. 請分析青少年自殺的成因？家庭和學校該如何預防？現今流行網友聯合自殺，其主要原因如何？
6. 不良幫派進入校園吸收未成年學子，而學生每天大部分時間都在學校渡過，學校應負擔什麼責任？學校該如何預防幫派進入校園吸收新血輪？

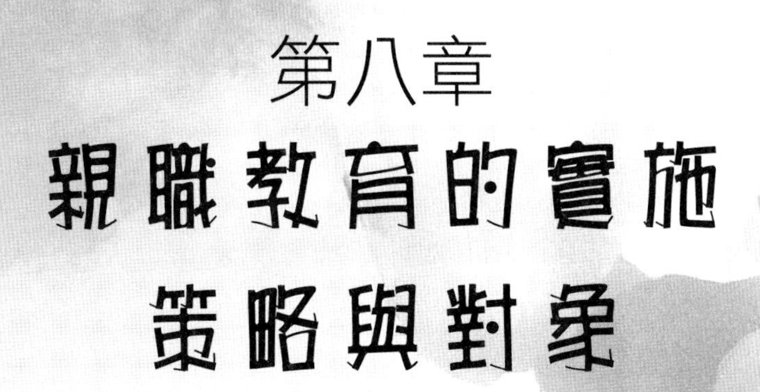

第八章 親職教育的實施策略與對象

第六、七章分別介紹有關親職教育的實施內容，說明親職教育要教導哪些教材，尤其從人類發展的每一階段性任務、目標，到個體的認知、道德、社會、生理、心理的發展與輔導，相信對親職教育已有一整體性的瞭解。

而教導為人父母如何教養子女，以及萬一子女產生偏差行為或犯罪，其成因與輔導的方法等，本章將針對這些親職教育的內容，該如何有效透過政策的規劃與實施，利用親職教育課程，傳授給需要的人；以及該由哪些單位、哪些人來負責推動親職教育的工作，作深入的說明。

第一節　親職教育的實施策略

親職教育若推廣成功，可帶動家中親子良好的互動，帶來家庭的幸福美滿，更能培育出優質健康的未來國家主人翁，提升國家的競爭力，作者認為政府應重視親職教育的功能，並能讓親職教育成為一種全民運動。要有良好的親職教育成果展現，就先要有妥善的親職教育政策與策略，絕不可如亂槍打鳥般漫無目標，更不可像衝鋒槍的單一焦點顧此失彼，而應作全面性、整體性的考量，期望能妥善規劃、有效推動，讓全民共同參與親職教育，共創多贏的策略。

親職教育成功的策略探討如下：親職教育若要推行成功，產生明顯的效果，就要有整體性負責的規劃單位，推行的機構與單位、親職教育的課程與教材、親職教育的師資、成果評鑑……等的分析規劃，有效性的推動才能成功。

一、親職教育的負責規劃與推行單位

全國最高負責親職教育的行政單位應該是行政院，因在行政院下設立的教育部、內政部與新聞局，均與親職教育業務有關，均是行政院的重要部會；在跨部會的業務單位中，應由行政院負責主導政策宣示、協商與建構親職教育的推動整體架構；在地方則為各地區社教館、直轄市、各縣市政府，及府內的教育局、社

會局、民政局來負責規劃並推動；在學校單位則應由校長及輔導室的人員負責，並配合學區內各村里辦公室的活動計畫一併規劃。

二、民間社團、宗教團體、文教基金會或醫療機構

救國團、扶輪社、獅子會、慈善會、文教基金會均是經政府立案的民間社會團體，除救國團每年度有計畫性的規劃推廣外，其他民間社團則較少列入例行性的活動規劃；故宜由政府相關單位修法，明訂各社團或文教基金會，列入常年性的活動。除此之外，醫療院所推廣的公共衛生教育或親職教育也經常規劃辦理；在各傳播媒體如報紙，均有親職或婦女與家庭專欄，均需有計畫性、多元性的報導；在廣播電台或電視台，也應將親職教育有關的節目，明訂一定比率或固定時段的報導或播出。

三、親職教育的推行人員

親職教育的推廣工作，在中央應是內政部社會司、教育部社會教育司及新聞局；而負責親職教育有關業務的人員，在中央單位的人員負責親職教育整體性的業務統籌規劃，包含親職教育的相關法規訂定與修訂、經費的編列與分配、師資的儲訓與任用、教材及課程的審核、業務的督導、評鑑與輔導，及其他有關親職業務推廣的制度面探討與研析。

地方層級的親職教育工作人員，包括直轄市、各縣市政府的社會局及教育局的業務相關人員，負責規劃各縣市親職教育工作的整體性推動計畫，及經費的爭取與運用，各單位推行親職教育業務的考核與輔導，研議改進的策略。

各級學校、文教基金會、醫療院所、民間社團及大眾傳播媒體，主要是實際負責親職教育工作的推行計畫及執行單位，每年除執行業務外，更應定期及不定期檢討業務推行情形的得失，並研究如何使親職教育工作能更有效落實，發揮其功能並普及到所需要教育的對象，改善整體的社會文化。

第二節　親職教育的教學策略

親職教育即使是有良好的法令基礎、充足的預算經費，及認真努力的教育工作者，但若沒有良好的教學策略，也可能是事倍功半；因為良好的教學策略，才能有效的使應接受親職教育的人滿意，又能實際的獲得知能，才能將學習成果落實於每個家庭，及未來的國家主人翁，帶動整體性的社會進步，增加個人、社會及國家的競爭力。

有效的教學策略應從課程、師資、教材、教法、成果評量……等來探討，茲分述如下：

一、課程設計兼具前瞻性及實用性

親職教育的課程設計要有前瞻性、未來性，因為時代隨時在改變，科技知識日新月異，若以現在的觀念要去設計未來國家主人翁發展的需求，那是不切實際的；因此課程設計人員要有宏觀視野、前瞻性的理論依據及實務專長，如一九五〇年代，在台灣幾乎看不到電視，誰知十年後電視已很普遍，如今不但已有有線電視、無線電視，更有數位電視，電腦科技的進步亦是如此。

親職教育的課程設計重在實用性，針對教育的對象、課程的需要、年齡層差異、所處的社區、文化、教育程度及兒女的家庭狀況，設計最符合需求的課程，提升學習動機及學習效果。

二、師資多元化、優質化，教法活潑化、有效化

親職教育的成功與師資的關係最為密切，因為有效的師資能催化學習團體的動力，激化學習者的動機使學習者在快樂、有效的學習氣氛下學習，因此要多元化的培育符合課程設計特色的師資，使教學活潑、生動又實用，發揮良好的教學效果。

三、教材內容兼顧知識、技能及情意的學習

親職教育並非只是一門理論性的課程，因為它最重要的是催化學習者的主動熱誠與愛心，並能有效的使嬰幼兒、兒童、青少年健全的發展，開發他們身心的潛能，建構及孕育溫馨幸福的家庭，因此需要將學得的知識轉化為實用的技能，並能無條件的犧牲與奉獻，真誠的將所學應用到實務上。

四、評鑑客觀化、成果多樣化

親職教育的推行要有一套公平、客觀、實用的評鑑機制，將評鑑的結果做為檢討改進及輔導的依據，也是經費補助的參考，利用評鑑機制獎勵優秀的單位及個人，藉以激化基層工作人員的士氣。成果的彙集宜連續性、多元化、多樣化，並利用實施親職教育的機會，在公共場所或村里民大會中，展示推行親職教育的成果，鼓舞參與者的成就動機與士氣，並能催化或喚醒未參與親職教育者參加親職教育，激勵參加親子活動的意願。

第三節　親職教育的實施對象

農業社會的家庭需要較多人力，家中子孫滿堂叫做「福氣」。農業社會生活型態單純，為人子女者從小就每天跟隨父母，不管在家裡或出外工作，天天隨侍在父母身邊，接受耳提面命、諄諄教誨、耳濡目染，這就是典型農業社會的親職教育。農業社會的時空背景很單純，為人父母者只要能複製自己的父母如何組織家庭、如何賺錢養兒育女的模式，就足以勝任為人父母了。

但隨著時代改變，邁入了工業社會，父母的角色、家庭的結構也改變了，當然親職教育的內容亦應有所調整，為人父母者需要再學習才能勝任家中的家長地位。但資訊化的社會，知識科技日新月異、一日千里，家庭組織隨著核心家庭的產生而有明顯的變化，社會環境更是複雜又多變，青少年所處時空、背景更是不

同，青少年壓力更大、競爭性更強，更需要親職教育的專家來協助與輔導，也常有人感嘆：「現在要為人父母真難！」因而親職教育也成為一門專業性的課程。

今日的父母面臨西方文化的衝擊、社會生活型態的複雜與多變化、家庭結構的改變、面臨少子化的影響，父母將每位兒女視為至寶，父母對於兒女的教養愈來愈重視；為人父母者對於如何在國民生活痛苦指數日增的今天，孕育幸福家庭，更是困難，因而親職教育的專門性課程，更是需求殷切。

感覺需要接受親職教育的對象日益增多，茲分析如下：

一、以參加親職對象的團體來分

(一) 大團體輔導

台灣目前很多學校、公司行號，均會定期或不定期的辦理團體性的親職相關活動。在大學，有新生家長座談會，而中小學每年均會辦理家長團體的親職講座，親子互動性的活動，幼稚園的活動更是多彩多姿，主要的對象均是學生家長、社區家長或公司的工會成員。

(二) 小團體輔導

有些父母對於兒童、青少年的輔導均大致有共同性的問題，或類似的困難情境，因而志同道合的父母組成像小型讀書會性質的團體，請專家學者定期或不定期的針對個案或主題來輔導或諮商，其成效良好。

(三) 個別指導

林家興（1997）認為父母在教養孩子的過程中，經常面臨知識與技能的不足困境，需要專家或有經驗的父母來個別指導，例如：如何替新生兒洗澡？如何輔導反叛期的青少年？為人父母如何教養子女？這種個別性的指導最能夠滿足父母的個別需要。

二、以參加親職教育對象的身分來分

(一) 已經為人父母者

已經為人父母者，一般均是各校或各民間團體辦理親職教育活動時主要受邀的對象，因為這些父母的同質性較高，參加學習的意願較強烈，他們幾乎都馬上面臨或曾遇過很多有關養兒育女，或是家庭上的相關問題。他們較為急切需要親職有關的知能，或親子互動的技能，期望能扮演好父母的角色，建構溫馨快樂的家庭。

(二) 將為人父母者

青少年很快的在幾年後將可能成為父母，其實這些人可塑性較高，若能早日接受親職教育，其效果會較好；但這些人也有一共同缺點，就是他們總認為為人父母還很早，似乎是事不關己，因此學習動機意願較差，但等到事到臨頭才臨時抱佛腳，這時有的錯誤已經造成了；因而政府應努力宣導讓他們瞭解親職教育的功能及重要性，早日學習親職知能，未雨綢繆，效果會更好。

(三) 與父母角色有關者

由於時代改變太快，各行各業壓力大，而且競爭的很厲害；加上經濟不景氣，很多為人父母者為了生活，勢必離鄉背井、遠走他鄉，而把小孩留給祖父母，或孩子的親友來照顧，這就是已邁入工業資訊社會的台灣另一種奇特的現象：家庭固定的開銷大，社會上普遍存在著雙薪家庭，兒女放學時，父母還在上班或忙於事業，導致台灣社會產生很多安親班、課後輔導班，如雨後春筍般的相繼成立；而這些課後輔導班、幼稚園、托兒所或國中小的教師，也實際背負有教養他人兒女的工作，但在台灣目前的教育制度下，他們普遍缺乏親職教育的有關課程與知能，因此這些人也正是十分需要進修研習親職教育的一群基層教育工作者。

三、以參加親職教育的意願來分

(一) 主動積極型

這一類型的父母或參加者，一般而言他們的教育程度較高，對兒女也較關心，他們對於家庭的建構，兒女成長階段的輔導知能最為關心，他們會主動積極參加各種親職教育研習，及親子有關的活動，這些人出席率最高，學習態度最好，因而學習效果也最好，通常這一類型的參加者，其家庭較為幸福快樂，子女的成就表現也較好。

(二) 勉強被動型

這一類型的父母或參加者，對於兒女關心的態度還算可以，但若遇到工作忙碌或有事，他們的出席率就不高，參加親職教育的活動若主辦單位認真邀請或給予鼓勵配合，他們還是會參加，只是較為被動而已，因而主辦單位在辦理活動前，要特別留意這一群人的動態。

(三) 逃避抗拒型

這一類型的父母或參加者，對於家庭經營、兒女成長的發展與輔導，均漠視不關心，反正不參加就是了，甚至還有逃避參加親職活動的現象，其實這一類型的兒女或孫子、孫女在學校或社會上的表現都較差，也較常會出錯或產生社會上的大問題，這些父母或祖父母才是真正最需要接受親職教育的一群，也是承辦單位最感覺頭痛而需要費神的。

父母在家庭中的功能角色，是沒有人能代替的，現今社會很多為人父母者，未能忍一時風平浪靜，欠缺夫妻和諧相處藝術，而既已為人父母了，還常為一些芝麻蒜皮小事，父母兩人爭吵，造成家庭氣氛的怪異，並輕言離婚分手，造成台灣目前校園內單親家庭幾占學生數的五分之一，也造成校園輔導的困難與無力感，更造成社會的紛擾與不安。

目前各承辦過親職教育的單位，以參加活動的對象而言，均發現有一共同的現象，那就是「該來的不來」，也有一些人是不用邀請也會主動尋求進修成長的父母，因而政府單位，應重視親職教育對於個人的發展、家庭的幸福、社會的和諧與進步的重要性，計畫性的推廣親職教育進修護照，或將親職教育列入高中、高職或大專以上學校共同的必修課程，培育更多優質熱誠的親職教育良師。

格言集

親職格言：（取自林進材《成長路上親子行》）

在有生之年，我將一直站在孩子的立場看事情，絕不默許任何人傷害孩子的身體與心靈。

在有生之年，我將會全力在可及的範圍內，為所有的孩子謀求更好的成長環境。

治家格言：

家是兒女的第一所學校，學校有規矩、有目標、有願景。

父母是兒女的第一位導師，導師有愛心、有專業、有理想。

問題與討論

1. 在學習本章以前，您知道有哪些單位曾辦理過親職教育的活動，請寫出單位名稱及活動心得？
2. 讀完本章後，您認為我國應如何有效的來推行親職教育，並有效的落實親職教育的成果。
3. 請寫出目前參加親職活動的人員，他們最需要學習的內容有哪些？如何將此一訊息反映給有關單位？

4. 各單位辦理親職活動，普遍遇到的問題是該來的沒來，使得親職教育功能不彰，社會問題更為嚴重，您有何方法讓他們樂意來參加？
5. 親職教育進修護照該如何規劃，才能使國民均普遍的學得親職知能？
6. 親職教育的成果評鑑要公平客觀，您若是基層教育工作者，有何建議與需求？

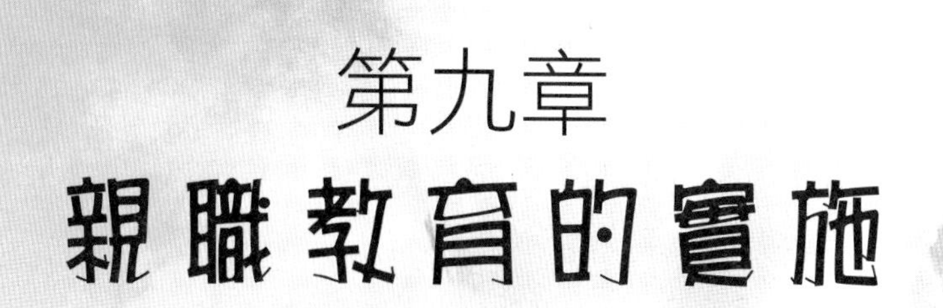

第九章
親職教育的實施

隨著時代的改變，科技日新月異，很多科技資訊產品推陳出新，因而中央層級整體性規劃親職教育的人員，或基層執行親職教育的工作者均應有新思維，應善用最佳策略、最新方法及最新科技來辦好親職教育或親子互動性的活動，以使親職教育能普及於全民，受惠於未來的主人翁及家庭、社會、國家。

親職教育的實施方法種類繁多，若能善用進步的科技技術，更能激發參與者的意願，催化親職教育的成果；本章將加以分類並敘述。

第一節　文書資料類的親職教育

一、文書資料（file）

將親職教育有關的資料資訊，以書面或文書圖案、文字陳述方式有系統的呈現出來，是目前親師溝通或學校機關團體使用最普遍、最適用的溝通互動管道；如親職資訊、公布欄、親職專欄、溫馨○○情、聯絡簿、簡訊、民中和聲……等，如圖 9-1 所示。

二、文書資料型的優缺點

(一) 優點

文書資料型的親職教育資訊，製作方便、簡單、成本低、容易蒐集、可有系統、有計畫性的呈現，資料較易永久保存，也易配合閱讀者的時間來閱覽、不會受時間限制，沒有時間的壓力，也較不會干擾閱讀者的生活作息問題，取材內容、教材的深度、廣度、適用性很大。如深奧的親職學理介紹，或簡單的幾句親職生活用語，均可做為親職教育的素材。

(二) 缺點

文書資料型一般而言，較為靜態，缺少生動活潑特質，只有書面的資訊陳述，

豐富？多彩？無聊？乏味？還是……如果讓你用一個形容詞來形容寒假生活給你的感覺，不知道你會填什麼呢？寒假，對荳蔻爛漫的少男少女來說，可能還要經歷『寒假症候群』的考驗……

△圖 9-1　文書資訊圖
資料來源：彰泰國中。

限於單方向的溝通較多，較不易引起閱讀者的共鳴及身心靈的互動，難以激發閱讀者強烈的學習動機，學習後保留的記憶時間較短，尤其親職知能、技術性的學習內容，較難藉由書面資料做完整的陳述與學習。

三、文書資料型的親職教育

(一) 公布欄（board）

各個親職教育有關的實施單位或機關學校，應有一屬於親職教育的專用公布欄，該親職教育公布欄要有專業素養的人員來負責，定期或不定期的更新資訊，以吸引家長來賓或其他教職員工收看閱覽，並有家長、教師、學生的活動資料呈現，增加相關人員的參與性與成就感，藉以激發團體參與的熱忱。而該公布欄要布置於家長、教師、學生或來賓易於出入而容易看得到的地方，或較常經過的場所，如圖 9-3 所示。公布欄可再區分為幾個區塊呈現，如親師互動區——介紹園所或學校與家長資訊的傳達活動；成果區——介紹有關親職教育的活動，或親子互動的成果照片、作品，如圖 9-2 所示，可增加師生、家長多方面的共鳴與互動；親職教育專欄區——可介紹有關親職教育理論或親職格言，以系統性的呈現方式讓教師、家長能學得完整性的親職實務。

△圖 9-2　公布欄

△圖 9-3　作品成果展示欄

公布欄的各分欄區塊，應由美工人員協助美化，以不同的色澤加以區分，讓閱覽的人員一目了然，且有舒服、欲罷不能的感受，即是一成功的公布欄。

(二) 聯絡簿（communication book）

聯絡簿是目前台灣中等以下各級學校，最常用、最普遍、成本最低、最方便的一種學校或親師溝通的管道，它可由學校美工、語文、各科教師代表及行政人員代表來研商設計，務必讓這本聯絡簿美觀、實用、方便、互動性良好，並能代表學校的精神，而且教師、學生、家長均會喜歡這本聯絡簿，希望能各校均使用聯絡簿。且全校學生人手一冊，其在校園中擔任親師互動，或學校與家長間的互動聯絡角色不容忽視，千萬不要設計的太過於呆板、制式或太過於華麗花俏，而且要有家長、學生自由發表意見互動的空間。

聯絡簿的內容可區分為多種專欄區塊，如：學生在家庭表現、生活教育欄可有例如「我今天做到了……」等主題；心得感言欄可讓學生或家長發表心情或心得，藉以探知學生內心的想法或心事，而可適時的機會教育，適時輔導防患於未然；一週時事欄可讓學生自由的發表，本週校內、校外、國內及國外新聞，藉由學生蒐集新聞資訊增加學生見聞；學校生活欄可分為功課表現欄，如學生繳交報告、作品的表現、各科考試成績的情形；生活教育部分如學生在校生活教育方面，禮節、出缺席、勤務工作表現；備忘欄如今日功課有哪些、明日考試或作業有哪些、今日明日應攜帶的物品或繳交的作業，以及班費、簿本費……等；親師溝通愛的叮嚀欄，本欄是親師雙向溝通互動的園地，藉由該區塊，可讓家長或教師共同關懷學生，輔導學生成長，是親師意見交流的園地；生活手札欄可提供家長、學生教師共同發表親職有關的資訊，或學生作品發表，特殊事件的交代。當然，最重要的還是聯絡簿的使用方法，設計再好的聯絡簿，若沒有好好的使用；效果仍是相當有限，因而家長、學生、教師，均需天天好好地利用它，務必讓聯絡簿發揮預期的好功能，如圖 9-4 所示。

考試成績		親師溝通 愛的叮嚀	生活手扎	今日功課・明日考試	年 月 日星期 天氣
國文					
英語					
數學					
理化					
生物					
健教					
歷史				明日應帶物品	
地理					
公民 社會					
地球					
家長簽章		導師核閱			

考試成績		親師溝通 愛的叮嚀	生活手扎	今日功課・明日考試	年 月 日星期 天氣
國文					
英語					
數學					
理化					
生物					
健教					
歷史				明日應帶物品	
地理					
公民 社會					
地球					
家長簽章		導師核閱			

△圖 9-4　**聯絡簿**

資料來源：作者自行設計。

(三) 親職通訊（Parents Journal）

親職通訊的形式非常的多樣化，紙張大小、內容多少，或素材取材，均可變化、自由化、創意性；親職通訊可為週刊、雙週刊、月刊或季刊，一般而言以週刊或雙週刊發行較多，剛開始時宜邀請美工、編輯專家作版面整體性的規劃與分配，再按規劃出的專欄部分，邀請專欄的專家，有系統、有計畫性的提供專欄資訊，甚至走上國際化路線，配合淺顯易懂的英文親職資訊。在通訊中有親職格言，如「有志者事竟成」（where there is a will, there is a way），兼具勵志又有雙語性質，使通訊內容活潑有趣；親職主題專欄，每期可針對時勢性、社會上發生的切身事件，邀請專家做一整體性的批判論述，利用價值澄清教導家長或閱讀者正確的價值觀；親職知識理論、實務性的報導閱讀，最後可蒐集成冊，成為一本實用性的親職教育專論書籍；校務通訊部分，可針對最近學校內，或社區內發生的事情，做一完整性的報導，使家長對於校務推進有一概括性的瞭解，以期拉近學校與家長、社區間的距離，對校務興革產生參與感，進而對校務、校譽產生信心。

答客問的部分，可將最近教師或家長提出的有關親職教育的問題，如：如何教養小孩？單親媽媽如何扮演嚴父慈母角色？等作一詳盡、客觀的回答，藉此產生雙向性的互動，慢慢增加親師的親職專業知能。

好人、好事、好言專欄，可將大孝獎、大愛獎得主的事蹟做報導，或校內師生良好事蹟報導；實際發生的好人、好事表揚，藉以揚善勸惡導引社會走向光明面。優良事蹟、好人好事的專欄均是很好的道德品格教育。如溫馨○○情、心橋……等。好言部分則是如同勸世歌，乃中華文化的精髓，更是普世價值源遠流長，具有啟發性及教育性，如「任何事業的成功，均無法彌補家庭的失敗」之類的話，勸人要以家庭為重、注重夫妻感情的培養及家庭的經營。

(四) 親職網頁或親職電子辭典（Parents on-line Journal）

親職網頁是利用電子科技產品，將親職教育有關的資訊、活動理論、親子互動訊息……等資訊，透過電腦主機的貯存、播放，而將親職資訊隨時呈現給需要的人，只要什麼時候想看，打開電腦即可找到想要的資料，它沒有時間的限制。網頁製作時，宜邀請電腦網頁、科技人才、親職專家、文書處理人員、美工人員共同策劃，電腦使出現的畫面不要太制式，並需有一電腦專業人員負責伺服器主機的維護與管理，另需一位親職教育的專業人員，負責網頁資料的蒐集、配置及

更新。

電腦畫面資料的新穎性，應定期或不定期更新資訊，使上網者能取得新的資訊，電腦呈現的資料要便於儲存及調閱，如同一間無形的親職教育圖書館或親職電子辭典，維護管理者便於資料的鍵入（key in）儲存、更換管理，使用者便於瀏覽及調閱下載及列印，做到將親職知識自動送到家，學習親職知能不必出遠門，而且電子科技無遠弗屆，任君選取，應有盡有，如圖 9-5 所示。

(五) 簡訊（Text Message）

簡訊包含兩種方式，一者以簡便便條方式呈現，另一種是手機的簡訊方式。簡訊主要是方便、應急、把握最新訊息、掌握第一時間而較有時效性、製作內容簡短方便易於傳達、發送者和接收者均易於執行；缺點則為篇幅有限內容不多，無法作一完整性的報導。書面便條式簡訊的傳送方式，一般均由學生帶回交給父母或家長處理，家長若有意見也可以藉由簡訊方式對學校或教師產生回饋；電子手機式的簡訊，藉由科技資訊系統的傳送，很容易將簡潔的親職簡訊，送到每位家長或社區人士手上，是為一相當容易又多變化性的親職教育方式，它可通知家長的事項如：學校或園所的活動計畫項目、時間、地點、親職教育的活動及學生在校的緊急事情聯絡，或綜合性的表現。

簡訊既然掌握簡單快速、時效性原則，則應以一百字以內為宜，書面資料簡潔有力、言簡意賅，一般均以一週、半個月或一個月發行一次，內容具有吸引力、延續性、使家長有期待心理，並能透過簡訊使家長和校方產生良好的互動，共同關心未來的新主人。

第二節　親師座談會

親師座談會（Parents-Teacher Meeting）是讓學校行政人員、教師、親職教育

親職教育最佳優質網站

親子彩虹橋——父母的教導角色	父母難為嗎？……孩子要求參加種種活動。讓他參加則顧慮其安全，不讓他參加則於心未忍。天下父母心，無處不是為兒女著想。真讓父母難為！……
家長親子教育路	「家長親子教育路」內包含許多的好文章連結並有討論區提供家長討論的空間。
親子關係	解讀孩子的心理，並提供為人父母者教養的技巧。
管教子女專欄	提供有關父母教養的一些好文章。溝通分享：跟子女一起談戀愛、自信因讚賞而來，如何與子女談性、EQ 與親子關係之㈠、EQ 與親子關係之㈡、EQ 與親子關係之㈢、EQ 與親子關係……
統一孩子王	孩子的成長只有一次，給他健康快樂的環境是所有父母的心願。擔心孩子的安全問題、溝通問題嗎？「天才老媽」的家長成長園，幫你解決疑難雜症，還有健康手冊教你正確的保健知識及做點心。
大手牽小手——親職教育網站	內容豐富，包含親職教育、孩子的發展、生理方面、心理方面、父母的角色、角色的認識教育態度、觀念啟發、婚姻狀況、教養方法與態度、親子關係、親子溝通……
信誼基金會	信誼基金會每月的「駐站專家」會回答你的相關問題。「教養大家談」有專家提供教養絕招。也可與其他教養高手一起討論，相信你會獲得很大的幫助。另外，網站定期的專題討論，如親子互動、兒童發展與學習等，都相當值得家長參考。
爸爸媽媽（香港網站）	香港專為爸爸媽媽設立的家庭網站，協助父母認識並使用網路，藉此減低父母與子女之間的代溝。「網上追擊」專欄提供有關網路的知識及使用方法，保護子女免受不良網頁的影響。另外，「成長路上」專區，提供各階段兒童 EQ、IQ 與生理發展的文章，幫助家長解決小孩各式各樣的成長問題，很值得參考。

△圖 9-5　**親職教育網站**

資料來源：取自 http://www.smes.tyc.edu.tw/~s1751/new_page_55.htm

老師，與學生家長或學生的監護人，面對面的溝通或互相提出問題討論，尋求問題的答案；學校機關團體或文教基金會，均會定期或不定期的舉行，個別式或團體式的親師座談會。一般而言，學校輔導室每學期均會規劃舉行全校性的親師座談會，或班級性的班親會，尤其新學年新生入學時，教務處與輔導室也會專為新生而舉辦的新生家長座談會，學校各級主管或業務相關人員均會列席參加，以示對學生家長的尊重，這種親師座談會也是目前親職教育實施方法中，較受家長喜愛的活動，大致上如無特殊原因，一般的家長均會親自參加，而且過程中親師互動會很好，家長的學習興緻也較高，因家長能直接和專業的教師互動、提問，以尋求較好的解決問題方法，可彌補文書資料型或電話訪問式的不足，若能相互為用其成效會更好。

以下就親師座談會的特質與注意事項，敘述如後：

一、親師座談會的特質

1. 它是目前各種親職教育方法中，家長參加意願最高，也是最有效的方法之一。
2. 它是校長、主任、業務相關人員、教師或親職教育專家，直接與家長或監護人面對面的溝通方式。
3. 親師座談會可一對一或一對多，其形式較不受拘泥，場地可安排在校內或校外舉行。
4. 親師座談會所討論、研究的問題相當廣闊，幾乎無所不包，只要和學生或學生家庭有關的議題均可。

二、親師座談會的注意事項

1. 妥善的計畫與事前的行政規劃：良好的計畫是成功的一半、事前的規劃勝過事後的檢討補救，尤其家長的接待問題及接待家長的禮儀，均需事先考慮。
2. 會議要有討論、研討題綱，避免流於形式或成為聊天大會。

3. 設計精美的邀請函，會場布置溫馨感性，家長座位需事先規劃妥當，避免會場紊亂。
4. 配合親師座談會，可舉辦教學成果表演，或配合節慶活動強化座談會的效果，可分動態如社團表演，靜態如美展或作品展。
5. 主持人於會議中避免使用艱深的專業名詞，並能鼓舞參與者的熱忱。
6. 校方事後要檢討得失改進，更要對參加人員發感謝函，或對有功人員給予鼓勵，如圖 9-6 所示。

△圖 9-6　**親師座談會**

7. 親師座談會後要將活動成果展示，以激勵參與人員士氣，並行問卷追蹤以瞭解親師座談會的滿意情形，及研討問題是否能有效解決。
8. 轉介輔導機制的落實，若是遇到有關學生或家長的問題，而教師或學校實在是無法解決的，要將問題歸類並輔導轉介相關單位處理。

第三節　親職講座或座談會

親職講座（Parents Lecture）是聘請親職教育各領域專長的講師，到學校或社區對家長或有興趣的社區人士舉行專題講座，如美滿婚姻的經營、孕育健康幸福的家庭、子女生活禮儀的養成、子女的教養方法……等；在安排專題講座時，為提升效果及家長參與的熱忱，學校可配合辦理教學成果演示，所聘請的講師是講座主題領域的專家或適當人選，而且所安排講座的主題，要切合家長們所最關心及共同的需求，整個講座過程的安排不可太單調，可適當加入家長直接提問的時間或分組座談，讓有經驗的家長或專家做經驗分享，共同針對主要的議題尋求最好的解答，會後主辦單位宜將會議紀錄整理成冊，寄發給相關單位或參加的家長。

親職座談會是針對教師或家長意見，訂出座談會的主題及副題，再邀請該主題的專家學者主持座談會，讓家長、教師能針對議題與專家面對面溝通互動或分組座談，最後再舉行綜合座談，尋求每次議題的綜合性解決方案，做深入淺出的結論與共識。

有關親職講座及座談會的特質與注意事項，說明如下：

一、親職講座及座談會的特質

1. 親職講座及座談會的議題，均是針對為人父母，或家長教養與輔導兒女最為切身需求的議題，事先需與教師、家長先行協商。
2. 親職講座或親師座談會，是專家學者、教師直接與家長或為人父母者，面對面溝通並可當場提問，因而參加者意願較高，學習效果也較好。
3. 親職講座或座談會應定期或不定期舉行，最好每個月一次而且要有一系列的主題式探討，其目的均在增進家庭幸福或增強父母的知能。
4. 為強化親師（職）活動成果，及家長參加活動意願，學校應配合辦理教學成果展，或行政人員做校務簡報，拉近家長與學校之間的距離，增加家長參與校務的機會，並聽取家長的建言，如圖 9-7 所示。

△圖 9-7　**親職講座**

二、親職講座、親師座談會的注意事項

1. 事前要能妥善計劃與規劃，並行任務分工合作研討，事後研習成果完整公布，將會議紀錄整理付印，而能將研習成果分享與會教師、家長。
2. 會議的流程、會場的布置、接待家長的禮儀訓練、參加人員的停車，均需妥善安排、給予家長高規格接待，鼓舞家長參與學校活動熱潮。
3. 講座或座談會的講師人選要審慎安排，並將講稿要點於報到時先行發放，提升學習效果。
4. 分組座談或家長提問時，會場秩序的掌握很重要，避免家長分散流竄影響學習效果。
5. 事後可對參加的家長，或服務的工作人員，給予感謝函及獎勵，其格式可參考以下範例：

敬愛的教職員同仁暨學生家長：

公私迪吉，諸事順心如意為頌！

此次的親師座談暨多元入學方案說明會，承蒙大家的熱心參與，盡心學習，使我們的活動普遍獲得好評，相信您也必感受到○○的成長與進步。願我們共同締造更美好的○○願景。

願藉由此活動，讓我們心手相連，一起來為　貴子弟建構光明的前程。真誠地祝福您

闔府平安快樂

校　　長

敬上

家長會長

2006.7.1

第四節　家長參觀教學與參與教學

家長參觀教學日（Parents-Presence School day）是學校邀請家長到學校，參觀教師的教學或參與學校的活動。學校應在各班教室後方固定擺放幾張椅子或桌椅，供家長到學校參觀兒女在學校時教師的教學情形，或兒女在學校的學習活動，藉以瞭解學校的辦學計畫、學習環境、教學設備、師資情況、教師的教學情形，以及兒女在學校的學習表現。在台灣，有的學校在學年中，只在某一天舉行家長參觀教學，因而又稱為教學參觀日，在外國家長參觀學校或社區的教學活動較為頻繁，因而已形成常態性的工作，天天均可到學校參觀學校教師的教學。

家長參與教學（Parents-Involvement Teaching）是學校利用家長或社區仕紳的專長，來從事兒女的學校或班級教學，參與兒女學校教學有關的活動，例如職業

簡介、校外參觀教學或團體旅遊，協助教師照顧班上的學生，當導遊、護理工作或指導人員。

一、家長參觀教學與參與教學的特質

(一) 家長參觀教學

1. 家長參觀教學是一種現代化的教育理念，也是教育消費主義的現象，學校的主要消費者是學生及其家長，因而學校有必要提供最好的教育，而家長或學生有權選擇其最喜愛的教學情境來學習，是一種消費主義的現代化教育理念。
2. 家長參觀教學應是一種常態性透明化的活動，學校、家長均應以平常心來看待，不必刻意掩飾。
3. 家長參觀教學以不影響教師教學活動的進行，更不可影響師生作息或學習效果為原則。

(二) 家長參與教學

1. 家長參與教學是學校或教師利用具有特殊專長的家長或熱心教育人士，來協助或暫時代替教師教學，而非經常性或永久性替代教師教學。
2. 家長參與教學並非只限於上課教學，也可當指導員、助理教學員、協助準備教具、教材或餐點準備……等。
3. 家長參與教學的主要目的在利用專長教學，增進教師的教學效果及學生的學習成果。
4. 家長參與教學可讓家長體會學校及教師平日的用心，會促進親師的同理心，親師會更為緊密合作。

二、家長參觀教學與家長參與教學的注意事項

(一) 家長參觀教學的注意事項

1. 家長參觀教學日，學校可配合辦理教學成果展，讓家長更明瞭學校教學成果的表現。
2. 家長觀教學日以不影響教師教學為原則，如圖 9-8 所示，且作息時間全校一致，不可隨意更換，學校須事先告知家長配合。
3. 針對家長參觀教學心得或意見，家長應於課後或課餘時間與學校行政單位或教師協商，不可於教師教學時發表意見。

(二) 家長參與教學的注意事項

1. 學校或班級讓家長參與教學，事先均須經嚴謹的專長調查過程，審慎評估及整體性教學效果考量，目的均在利用社區各式資源增進教學成效。

△圖 9-8　家長參觀教學

2. 家長參與教學對學生而言，是一種新奇刺激的現象，有時因家長教學專業能力不足，會引起秩序難以控制情形，因而教師須在教室內適時協助。
3. 家長參與教學時事先學校教師、家長均須做充分規劃及準備，事前保持聯繫，教師並應協助家長做好教學準備。

第五節　家庭訪問

隨著工業資訊化的發達，親職教育的方式五花八門，但家庭訪問仍不失為一種實施親職教育的有效方法，它雖然具有傳統、費時、原始性，但它仍有其他方法所無法取代的功能，通常在國民中學或國民小學時，導師最好於三年內全班所有的學生家庭均要訪問到一次，利用段考的下午或週末假日實施，藉以瞭解並發現很多難以處理的學生問題其背後的真正原因，經家庭訪問後，很快的可全盤瞭解，並可能因而很容易解決問題。

一、家庭訪問的功能（The Function of Home-Visiting）

(一) 對學生而言

老師親自到學生家家庭訪視，學生會感受到老師重視他，並會在意老師和父母的互動。在訪視的整個過程中，學生學會如何事先準備接待訪客，及客人來訪時的接待禮儀，是一種生活化的生活教育，對學生的品德及社會性發展很有幫助，對處理學生日後發生問題的解決，會較有全盤性的考量。

(二) 對家長而言

一般的家長在得知兒女的老師要來家庭訪問，均會直覺的感受是受到老師的尊重，也會認為這是一位認真負責的老師。家庭訪問對一位每日忙碌的學生家長是相當方便的，因為他們不必再為兒女的教育，為了要與學校老師見個面，而放棄上班或請假，可利用老師家庭訪問的機會，瞭解兒女在學校的表現與兒女的專長特質，並取得與教師配合的共識，共同來關心輔導自己的兒女。

(三) 對教師而言

家庭訪問對教師而言相當重要，因為經過家庭訪問後才能對學生的背景做完整性的瞭解，例如學生的家庭背景、經濟情況、家庭文化、交友情形、社區文化……等，在家庭訪問的過程中教師可獲得家長、社區人士的肯定與讚美，提升教師的個人形象，有助於日後的親師互動與溝通，也有利於日後親師問題的解決。

二、家庭訪問的注意事項

1. 家庭訪問需事先規劃，並預先知會學生及學生家長或監護人。
2. 家庭訪問為求教師的安全，應尋求同仁同行或義工的協助，尤其女性教師不可單獨成行，最好請班上在地學生或熱心的家長帶路引導。
3. 家庭訪問除先行規劃外，應事先擬好每位學生的訪談大綱要項，訪問結束後進行資料整理，並進行追蹤輔導等。
4. 家庭訪問可請社區義工或學生帶路引導，可預防迷路或節省很多時間。
5. 家庭訪問需按計畫進行，除非重大事情發生，否則不可臨時喊停，避免家長久候造成民怨。
6. 家庭訪問應注重禮儀，並盡量給予家長及學生正向肯定，留意訪談的目的及要取得欲瞭解的資訊，在家庭訪問前要事先規劃，家庭訪問後紀錄表應詳實記載。
7. 家庭訪問後要給予學生鼓勵，及對接受訪問的家長表達謝意並發感謝函。
8. 家庭訪問宜從班級中家庭地位較差、單親及隔代教養、常出問題的學生優先訪談，並在三年內全班學生家長訪問完成。

第六節　家庭諮商

前面談過的親職教育方式中有文書資訊、教學參觀日、家長參與教學、聯絡簿、家庭訪問、親師座談會……等，均是由主辦或承辦單位主動的將親職教育資訊送出，而家庭諮商（Family Counsel）則是被動的，若是為人父母或監護人認為有關兒女的教養方法、親子溝通或家庭建構的問題，均須由當事人主動尋求各縣市家庭教育中心，或各校成立的家庭諮商中心，來尋求諮商協助以解決親職問題。

各縣市的家庭諮商中心，一般而言均由社會局或教育局負責，該中心有心理醫師及精神科醫師、專家學者、社工人員、教育人員和服務志工，負責接受各校轉介的個案，及尋求協助的個案，並定期出刊有關親職教育的資訊。

各校成立的家庭諮商中心，一般均附設於輔導室，由學校全體教職員工、家長會的委員、地方仕紳，及專家顧問共同組成，各校校長擔任主任委員，輔導室主任擔任總幹事，負責規劃協調與推行各項有關的親職業務，及接受諮商回答，或將個案轉介有關單位以尋求協助。

一、家庭諮商的特質

1. 親職教育的各種實施方法中，家庭諮商詢問的有關問題是屬於較為負面的，表示家人的相處、親子互動或兒女的教養已經出現問題，需要尋求協助解決。
2. 家庭諮商在親職教育的各種實施方法中，是屬於難度較高、較具專業性的輔導，因而人才庫的建立、資源的需求更為殷切。
3. 家長諮商的問題或學生輔導的問題，由學校輔導老師處理，若屬於需家族治療的問題，則須尋求心理醫師或精神科醫師協助。
4. 家庭諮商可一對一輔導、團體輔導，也可由問題類似、同質性較高的父

母，藉由經驗交流互相分享，而達到輔導的效果。

二、家庭諮商的步驟

1. 建立良好的諮商情境：輔導人員和當事人要互尊、互重、互信，遵守專業倫理，良好的互動。
2. 教師描述學生的表現：教師要將學生問題或家族有關的問題詳細描述、瞭解，並有條理的描述出來。
3. 瞭解學生在校外的表現：家長或監護人須將學生在校外的表現情形，真誠清晰的描述，做為專業人員、教師診斷的參考。
4. 輔導人員界定問題診斷問題：輔導人員須全面性的蒐集各方資料後，須瞭解真正問題所在，並行診斷謀求對策。
5. 輔導人員向學校提出建言：輔導人員針對問題診斷後，要提出對學校或教師應行配合的措施。
6. 輔導人員向家庭或父母提出建言：輔導要能成功需要全方位的配合，因而需要家庭或父母的合作。
7. 結案並定期追蹤：持續追蹤直到改善。

三、家庭諮商的注意事項

1. 輔導人員堅守輔導專業倫理：當事人的資料不可外洩，並要有耐心、愛心，針對問題謀求解決，共同關心當事者的正向發展。
2. 家庭諮商遇到困難問題，須謀求解決或尋求轉介服務。
3. 家庭諮商是較為長期性的親職教育工作，因而還須定期或不定期追蹤。
4. 家庭諮商屬於診斷治療的性質，此時家庭問題或兒女有關的問題均已顯現，急需尋求協助因而家庭諮商中心需有專業人員負責。

第七節　親職網站、親職部落格

隨著科技的進步親職教育的方法，要善用科技有所創新才能配合時代需求，提升效能；設計更符合消費者需要的教育方式，親職教育網站及親職部落格，就是科技產物下最新的親職教育方法。

親職教育網站（Parents Education Website）在各縣市政府均應有專人負責管理，在學校則由學校輔導室負責統籌規劃，包含親職教育資訊的蒐集、親職教育網站的布置、網站的建構、網站主機伺服器的維修、親職問題的答覆，讓家長無論在家裡或出外工作，甚至國外旅遊，均能享受親職有關的最新教育內容。

親職部落格（Parents Education Blog）的設立與親職教育有關，因而它也應由輔導室負責，包含親職資訊的處理、建置，親職教育議題討論的意見交流互動，答客問、部落格網站主機的維護，它提供更為寬廣、迅速、更有互動性、更多面向便捷的交流互動，在多面向的交流互動中，可以找出更好的親職教育問題解決方案。

一、親職教育網站、親職教育部落格的特質

1. 親職教育網站及親職教育部落格，二者均是利用電腦科技的教育方法，其速度快效率高。
2. 親職教育網站及親職教育部落格，二者均與使用者的互動性高，因而互動效果良好。
3. 親職教育網站較偏重親職資訊的蒐集整理、網頁的布置、留言板的使用；親職教育部落格較偏重親職有關的主題、議題及爭議性話題的互動交流，它是多向性的溝通交流，再尋求最好的解決方案。
4. 親職教育網站與親職教育部落格，二者均需有電腦資訊人才與親職教育

人員密切配合，才能達到良好效果。

5. 親職教育網站可利用電腦科技，與其他教育資源網、生命線網站、兒童福利資源網超連結，擴大其功能。

二、親職教育網站、親職教育部落格的注意事項

1. 親職教育網站及親職教育部落格，二者均是利用電腦科技傳遞親職教育資訊，速度快效果佳，因而建置的親職教育資訊要不斷推陳出新，資訊內容需求量大增，需有專業人員專門負責。
2. 親職教育網站及親職教育部落格，二者均是透過電腦公布，要設定防火牆避免遭受到駭客的攻擊破壞。
3. 親職教育網站及親職教育部落格，要注重專業倫理，引用案例當重視人權及個人隱私，不可讓當事人暴露身分。
4. 親職教育網站及親職教育部落格，二者均係利用電腦媒體操作，無法面對面溝通；但遇上困難問題時，仍應追蹤到當事人，並為其謀求解決或轉介其他更為專業性的資源機構。
5. 親職教育部落格的意見交流，難免遇上言不及義或故意搗蛋份子的意見陳述，部落格的負責人要有專業性的去蕪存菁功能，導入專業性的論述。
6. 親職教育網站有留言板的設置，網站負責人要注意意見的蒐集，以及親職相關問題的回答。

第八節　親職教育讀書會與親子活動

親職教育讀書會（The Study Group of Parents Education）或親職成長團體，是由學校、文教基金會或社團負責策劃成立，由學校或讀書會負責人，集中學校的學生家長，或社區中對親職教育有興趣的人士，每週或隔週於固定時間，共同針

對某些主題或某一本書的內容，來研讀互相討論，分享個人經驗及研讀親職教育書籍的心得，共同成長藉以增加親職教育知能，如圖 9-9 所示。

親子活動是探索親子溝通互動的有效方法，由學校、鄉鎮公所、民間社團或文教基金會策劃辦理，藉由各項親子活動，讓親子相互體會如何互相表達、溝通協調，如何與自己的兒女來做有效、溫馨、愉快的溝通互動，尋找一種雙方均喜歡接受的互動模式，避免產生親子衝突或對立，增進親子相互瞭解，為親子感情增溫。

△圖 9-9　**親職教育讀書會心得報告**

一、親職教育讀書會的特質

1. 藉由讀書心得或個人有關的親職經驗分享，來增進讀書會中成員的親職知能。
2. 親職教育讀書會，亦可聘請親職教育專家，針對親職有關的主流性議題

做專題報告或討論。

3. 親職教育讀書會，不一定是室內的讀書心得分享，也可舉辦與親職有關的戶外活動，如參觀感化院、菸毒勒戒所、中途之家……等。
4. 親職教育讀書會所研讀的書籍或研討的議題，範圍相當廣闊，如幸福家庭的孕育、夫妻相處之道、兒女的教育方法、青少年偏差行為的輔導……等。

二、親子活動（Parents-Kid Activities）的特質

1. 親子活動的設計重點在於讓為人父母者，體驗如何與兒女做溫馨有效的溝通互動。
2. 親子活動並非只在意於活動的完成，而是活動過程中去體會，如何建構互動氣氛，增進溝通技巧。
3. 親子活動要重視的是父母與子女如何表達心裡感受，學得溝通技能，並能互尊互重。
4. 親子活動的設計安排，在增進親子間的感情，共同分享活動的成果。

三、親職教育讀書會和親子活動的注意事項

1. 親職教育讀書會的研習，可融入親職進修護照，或教育人員的進修護照來辦理。
2. 親職教育讀書會可將每次研讀的心得紀錄，合訂成冊即成為一本很好的親職教育教材，也可將心得放於網站供人閱讀。
3. 親職教育讀書會的會場，宜布置完善，活動的時間、地點、主題儘早公布，鼓勵更多人參與。
4. 親職教育讀書會每期宜有連續性的主題，聘請的主持人也要是主題領域專長的專家。
5. 親職教育讀書會每次時間以三小時為宜，要有問題詢答以增加互動。
6. 親子活動的設計，要以安全性、教育性、娛樂性為考量，寓教於樂。

7. 親子活動的設計，每次以兩小時為宜，要有親子互動或親子共同完成作品，共同分享成果，如圖 9-10 所示。
8. 親子活動的場地分配、節目進行、人員區隔，宜事先規劃妥善，切勿造成紊亂。
9. 親子活動告一段落後，可讓父母或兒女發表心得，催化活動的成果分享擴大效果。
10. 親子活動結束後，應整理活動成果並行公布，公布於老師、家長、學生均容易看到的地方，藉以分享成果，鼓舞下一次活動參加的熱忱。

△圖 9-10　**親子互動**

第九節　親職教育的其他實施方法

本章已介紹很多種的親職教育實施方法，如文書資訊、教學參觀日、父母參與教學、聯絡簿、家庭訪問、家庭諮商、親師座談會、親職網站、親職部落格、

讀書會、親子活動……等，但職場上使用時不一定只用一種，而可多種混合使用或同時應用，其目標是在增進父母親職知能，營造溫馨快樂家庭，培育優質的新生代。

親職教育的實施，還有許多其他的方法，如親職研習會、父母成長團體、愛心志工隊、書香活動、社會資源利用、愛心媽媽團……等。 茲簡要略述如下：

一、親職研習會、父母成長團體

親職研習會或父母成長團體類似的親職讀書會，由學校或文教基金會策劃成立，聘請專家學者或具實務工作經驗人士擔任主持人，針對有關親職知能、父母效能、教養兒女方法、孕育溫馨家庭方面的相關議題研習，使參加人員永續學習終身成長，培育優質的下一代。

二、愛心志工隊、愛心媽媽團

學校面對眾多的師生，每天在上下學的交通時段，交通的安全及校園內的人身安全甚為重要，因而愛心志工隊可協助各路段意外事件的處理，還可協助學校美化校園，整理教具協助教師教學，或校園校區內的巡邏，如圖 9-11 所示。

愛心媽媽團則可由有經驗的母親，或有愛心有專業的女士，協助學校針對學生偏差行為的輔導，或協助家庭訪問、家庭諮商的完成，讓老師對家長及學生做更深入的瞭解與幫助。

三、親職的書香活動

學校推廣親職書香活動，可針對家庭的組織建構、兒女的教養方法、青少年的輔導、偏差行為的診治……等相關書籍，編列年度每月家長讀書書目，公告讓全體教師、家長來按月閱讀並寫心得報告，定期舉行讀書心得徵文比賽，給予優厚的獎勵，鼓舞社區家長閱讀課外讀物，提升社區讀書風氣，改造社區文化。

四、社區親職資源的利用

除了學校、文教基金會經常辦理親職教育活動外，救國團、青商會、獅子會、

△圖 9-11　**愛心媽媽志工隊**

扶輪社、慈善團體、各醫療院所……等，也會配合年度節慶辦理親職教育有關的活動，還有生命線、張老師、各大學的諮商中心也提供各式的資源與活動，學校應將各式親職教育活動資訊加以整合，很快而有效的將訊息傳遞到家長，讓他們把握每一次的學習機會充實親職知能。

格言集

親職格言：

管教孩子的十忌：（取材自林進材《成長路上親子行》）

1.忌溺愛；2.忌放縱；3.忌鬆懈；4.忌慣愛；5.忌嬌疼；

6.忌過寵；7.忌恐嚇；8.忌蠻橫；9.忌打罵；10.忌羞辱。

治家格言：（取自勸世歌）

一來奉勸世間人　愛知父母恩義深　細細食娘身上血
　苦心養大得成人　此个身恩若不報　定然天地不容情
二來奉勸世間人　為人兄弟愛同心　凡事多聽婦人言
　愛知兄弟骨肉親　大家盡心同協力　黃泥也會變成金
三來奉勸世間人　為人夫婦要同心　莫來因端些小事
　就來一旦怒傷心　合家老幼要和氣　勤儉何愁家不興
四來奉勸世間人　近鄰勝過遠往親　出入大家愛照顧
　頭路各人要認真　萬一若有急難事　也要隔壁左右鄰
五來奉勸世間人　手藝一定要認真　夜明愛來清早起
　學有手藝不愁貧　手藝若是做來好　到處也有人來尋
六來奉勸世間人　為人買賣要公平　秤斗出入要坪正
　天上鑑察有神明　各人存心守本分　不可枉來欺騙人
七來奉勸世間人　為人耕種要勞心　失頭緊緊要去補
　清早勤勞來去淋　居家老幼勤儉點　往來也要看顧人
八來奉勸世間人　相交一定要識人　對人講話要謹慎
　莫來就去得罪人　人講錢財如糞土　仁義正係值千金
九來奉勸世間人　有錢不可輕慢人　富貴貧窮輪流个
　不信且看眼前人 先日有錢今日苦　看等無錢短會有
十來奉勸世間人　人家一定要耐心　為人閒事莫去插
　嫖賭吥好來去尋　立心勤儉為第一　免至他家去求人

問題與討論

1. 台灣的中小學和幼稚園，均實施聯絡簿，市面上賣的聯絡簿又太制式，使用起來不方便，請您設計國中、國小、幼稚園的聯絡簿各一種，並檢視和以前您使用的有否不同？
2. 現今電子科技相當發達又方便，請您說出如何配合學校親職教育，善用電子科技以利親職業務推廣？
3. 學校辦理親職教育，總是有一些人他們的兒女或孫子女老是在學校出問題，監護人又邀請不來，您若是輔導主任，該如何解決？
4. 親師座談會時家長要求換掉任課老師，或要求轉換孩子的班級，您若是班導師，該如何解決？
5. 學校辦理親職講座，但反應不佳、家長又來的很少，原因何在？如何解決？
6. 家庭訪問在早期是很重要的親職教育工作，其優缺點如何？如何提升老師參與家庭訪問的熱忱？

第十章
親職教育的困境與展望

常常聽到教育學者說：「問題青少年種因於家庭，顯現於學校，惡化於社會。」我們也相信，槍擊要犯剛剛從母親懷裡出生時，眾人為他高興、為他的出世而慶賀；在槍擊要犯小的時候，每一位看過他的人及親友或許會說：「哇！這小孩好可愛哦！」誰知道經過二十年的時間，會變成人人害怕、警察頭痛、政府傷神的人物。然而，在他們幼小的歲月，幾乎大部分時間在家裡成長，但是，同樣是父母懷胎十個月出生，也有的人二十歲時已是某行業的頂尖人才；如此造成天壤地別的差異，問題只在於成長的環境不同、父母的親職教育理念不同、父母對於子女的教養方法有異，由此可知，社會的很多亂象，其根本問題還是在於家庭及親職教育，若是家家戶戶能建構溫暖有愛的環境，父母均能重視親職教育有關的兒女問題，相信下一代未來的主人翁，均是相當優質的，社會國家是充滿希望而有競爭力。因而呼籲政府單位，應重視親職教育的功能與重要性，協助各基層單位做好親職教育的推行工作。

第一節　推行親職教育困難的原因

一、缺少獨立的法源依據與中央、地方各層級親職教育的負責專責單位

台灣目前沒有獨立的親職教育法及其施行細則，因而也就沒有正式的親職教育組織單位，更沒有獨立的親職教育經費預算；在附屬於其他單位有限的財源下，沒有專責單位負責親職教育，要全方位的規劃、推行親職教育是相當困難的。在中央政府有教育部社會教育司、內政部有社會司，縣市政府的親職教育工作，更分散到教育局、文化局和社會局，形成多頭馬車，無人願意去管的業務，從中央到地方或學校，均無專責單位負責，怎麼會有良好的績效呢？

二、政府各層級及學校對親職教育不夠重視

長期以來，全國缺少一個統籌規劃、督導負責的親職教育的單位，卻讓家庭

問題、青少年問題一再惡化，顯示政府不夠重視親職教育，歷任的總統或行政院長均非教育界出身，不知道親職教育、家庭教育對未來國家主人翁的影響有多大！對家庭、社會的貢獻有多少？因而幾乎沒有人注意到社會亂象的根源，應從家庭教育、親職教育著手，只是看見眼前的紊亂景象，頭痛醫頭、腳痛醫腳，結果問題還是層出不窮，一批批新的古惑仔也陸續的出現在社會的各個角落，正本清源應從家庭教育、親職教育及學校教育配合。

三、專業人才與經費的不足

政府長期漠視親職教育的重要性，長期沒有親職教育的教育政策，因而親職教育專業人才實在太少，坊間更難找到有關親職教育的課程或教材，要辦好親職活動何其困難？

中央及地方各級政府均沒有親職教育的專責單位，因而沒有固定的預算編列，親職教育的活動經費實在是杯水車薪，只能從其他單位的項目勻支，在相當有限的經費下，如何能辦好親職教育呢？又哪能列入經常性的活動辦理？目前各層級或學校辦理的相關活動，只是應付家長一時的需求，或為配合節慶的活動容易曇花一現；沒有長遠的規劃，形成一種拜拜式流水席的活動，沒有經驗的傳承難有明顯的進步。

四、家長或為人父母者，只在意於金錢收入的多少？而很少想到百年大計的親職重要性

社會上確實有不少人瞭解到親職教育的重要性，但絕大部分的父母，因面臨生活壓力痛苦指數大增，只得在乎於事業、工作收入的多少，而忘掉為人父母的重責大任，更少有為人父母者，主動的去進修有關親職教育資訊的課程，以為為人父母只要能複製當年父母對他的管教方法就可以，殊不知時空背景的轉換更迭很快，而且目前社會的複雜景象，科技的進步，已使得為人父母者要長期的進修研究，否則愈來愈難以有效的教導自己的兒女。

第二節　推行親職教育的建議與展望

一、建請中央政府對親職教育法單獨立法，並成立親職教育專責單位

制定親職教育法的獨立法源依據，做為全國最高的親職教育推行指南，並成立中央與地方各層級的親職教育專責機構，負責策劃、推動與評鑑，肩負起親職教育成敗的責任。

二、推行親職教育護照進修制度

親職教育是一門長期性、生活化、實用性的社會科學，需要努力不懈、持之以恆，並配合時空背景轉換，隨時調適學習內容，因而親職教育的教材內容需配合時勢推陳出新，需政府規範良好的制度，期望國人把親職教育列為終身學習的課程，推行親職教育進修護照，讓年滿十五歲以上的青少年，開始有學習為人父母的教育或進修的管道，充實為人父母的知能，成功而有效的教導兒女，期望能有更優質的下一代。

三、將親職教育課程列入或融入高中、大學學程，聘請專家學者彙編一套良好的親職教育教材

目前各學校或相關文教基金會，辦理的親職教育活動均是各自辦理，曇花一現的景象，缺少縱向的統籌規劃，更沒有橫向的聯繫，形成多頭馬車，沒有明確的教育目標，更沒有一套完整的課程，教育部可聘請親職教育專家學者、行政人員，明訂全國一致的課程標準，將親職教育列入高中、大學的基本課程，並編纂一套完整性的教材，青少年要階段性的完成親職教育學程。

四、透過大眾傳播媒體有效宣導與教導親職知能

目前台灣社會，國人平均每天看報紙、玩電腦、看電視的時間均超過兩小時

以上，大眾傳播媒體已成為國人生活上很重要的一部分，如何透過媒體有效的宣導親職教育的重要性，吸引國人主動的去學習為人父母的知能，政府應約束各種傳播媒體，訂定一定比率的親職教育有關節目內容，如孕育幸福家庭、教養子女的方法，能以客觀而有效的評鑑機制，獎勵或補助大眾傳播媒體，親職節目列入金鐘獎的獎項，鼓勵各種傳播媒體製作更好的親職節目或良好的親職專欄。

五、立法約束親職教育參加的對象，讓親職課程的改革，親職活動的彈性設計，來吸引全民參與親職進修的熱潮

據劉育仁（1991）的調查報告分析，家長們對親職教育內容的期望，依序為：1.兒童各年齡階段的身心發展知識；2.親子溝通知能；3.兒童偏差行為的問題處理：4.為人父母的角色與職責；5.教育子女的態度；6.兒童的品格教育；7.兒童的生活教育；8.親子活動的設計與安排；9.兒童的人際關係技巧；10.兒童的醫療保健；11.兒童的營養與飲食；因而親職教育的課程內容設計，需儘量符合家長們的需求，激發參與親職教育的意願。

作者辦理過很多親職教育的活動，也參訪很多其他學校的經驗，共同面臨一個重要的問題是「該來的沒來」、「最需要來的不來」，政府應設法要求他們參加親職活動，學校也應檢討並想辦法讓這些人踴躍的參加親職教育活動；其實這些沒有來的家長，大部分是兒女表現較差、子女較有偏差行為問題的一群，父母也是最迫切需要學習親職知能的，政府可透過親職教育法的立法，有效約束這些父母來參加活動。

台灣社會也有一奇特現象，男人總以為親職教育是媽媽的事，其實兒女的成長過程中，需要父母共同關心，更需要父愛的關懷與教育。據黃德祥（1994）研究指出，父母離婚對不同年齡組兒童的影響相當的大，如表 10-1 所示，很多偏差行為的學生問題，均與單親或父母離婚有關。

▽表 10-1　父母離婚對不同年齡組兒童的影響

	學前期（2.5-6 歲）	潛伏期前期（7-8 歲）	潛伏期後期（9-12 歲）	青少年期（13-18 歲）
一、情感	易怒、敏銳、分離、焦慮、攻擊。	悲傷、憂愁、恐懼、喪失感、失落與憤怒。	失落與拒絕、無助與孤獨、羞恥、擔憂、傷害。	失望。
二、表現	幼兒退化行為、攻擊與破壞行為、幻想。	哭泣、幻想、獨霸不與他人分享。	對母親、父親或雙親兩者的直接拒斥、易怒、需求多、教訓的態度、偷竊、身體症狀、與雙親關係緊張。	對自己當前情況開放。參與社會活動。
三、處理問題的機轉	沒有處理問題的機轉，常使用攻擊。	沒有避免痛苦的健康處理問題機轉。	把父母離婚當作嚴肅、明朗的、使情感自由、沉迷於遊戲。	更自信。
四、學校成就	仍未就學。	與其他兒童沒有差異。	明顯的低劣。	與其他兒童沒有顯著的差異。
五、父母離婚歸因	自責。	自己與父母離婚有主要關聯。	自己與父母離婚僅有少許關聯。	自己認為與父母離婚無關。
六、認知	對將要發生的事感到迷惑。	對將要發生的事感到迷惑。	清楚的知道將要發生的事。	清楚的知道將要發生的事。
七、訪問	次數多，每週一次。	次數最多，每週三次。	次數不多，且非定期訪問。	少接觸，超過九至十二天。
八、追蹤	一年。	一年。	一年。	一年。
九、父母離婚的影響	多數的情況惡劣。	有百分之六十五變好，或接受父母離婚的事實，百分之二十三轉劣。	百分之二十五擔憂被父母遺忘、遺棄，百分之七十五回復以往教育與社會成就。	多數的兒童面臨以前某些認知的問題。

資料來源：黃德祥（1994：488）。

六、建立一套客觀、公平、有公信力的親職教育評鑑機制，激發承辦人員的熱忱，催化教育的成果

目前台灣各主辦親職教育活動的單位，在辦理活動過後，就好像親職教育告一個段落完成了任務，其實親職教育活動是永續的，天天都要去執行，它不但有

未來性也有延續性，因此需要教育部聘請專家學者及實務工作人員，擬定一套公平、客觀、有公信力的親職教育評鑑辦法，並定期檢討修訂，將評鑑成果公布，讓表現較差的單位知所檢討改進，優良的單位給予精神或財政上的補助，可激發承辦人員的熱忱，鼓勵他們將寶貴經驗成果傳承公布，以催化親職教育的成果。

綜上而論，親職教育關係著家庭的幸福、社會的安定與繁榮，更可提升國家的競爭力，培育優秀的未來國家主人翁，作者衷心的期盼透過親職教育課程的實施，喚醒國人對它的重視與期待，讓親職功能有效的發揮，重振家庭倫理、社會秩序及國家的安定與繁榮。

格言集

親職格言：

親子溝通的重點不在於觀念與做法的一致，而是情感方面與價值觀的相互融通。

人生十四最——

人生最大的敵人是自己　人生最大的佩服是精進
人生最大的失敗是自大　人生最大的破產是絕望
人生最大的欺騙是無智　人生最大的財富是健康
人生最大的悲哀是嫉妒　人生最大的債務是人情
人生最大的錯誤是自棄　人生最大的禮物是寬恕
人生最大的罪過是自欺　人生最大的缺欠是悲智
人生最大的可憐是自卑　人生最大的欣慰是佈施

治家格言：

十富		十窮	
不辭辛苦走正路	由勤儉富	多因放蕩不經營	逐漸窮
買賣公平多主顧	由忠厚富	不惜錢財手頭鬆	容易窮
聽得雞鳴離床鋪	由當心富	家有田園不務農	懶惰窮
手腳不停理家務	由終久富	朝朝睡到日頭紅	邋遢窮
常防火盜管門戶	由謹慎富	結識富豪結親翁	攀高窮
不去為非犯法度	由守分富	好打官司逞英雄	鬥氣窮
闔家大小相幫助	由同心富	借債納利裝門風	自弄窮
妻兒賢慧無欺妒	幫家富	欺孥攙懶子飄蓬	命弄窮
教子訓孫立門戶	後代富	子孫相交無良朋	局騙窮
存心積德天加護	為善富	好賭貪花戀酒盅	澈底窮

問題與討論

1. 您參加或參觀過幾次有關親職的活動，主辦單位服務態度如何？成果如何？參加人員的反應又如何？
2. 目前親職教育辦理單位均感覺困難重重，您若是學校主管，有何解決方法？若您是家長，您認為如何辦理親職教育，成果會較好？
3. 社會亂象與家庭很有關係，又與親職功能有關，身為台灣國民一份子，您有何建言？
4. 您認為政府應訂定哪些有關親職教育相關法令？親職進修護照應如何實施較好？
5. 親職教育列入高中課程，您的看法如何？高中、職學校教導哪些教材給學生較適合？

參考書目

中文部分

內政部（2005a）。**國民禮儀範例**。2005 年 11 月 13 日，取自 http：//www.moi.gov.tw

內政部（2005b）。**台閩地區各縣市外籍與大陸配偶統計**。2005 年 12 月 31 日，取自 http：//www.nanhwa.gov.tw

內政部戶政司（2005a）。**台閩地區歷年結婚統計**。2005 年 11 月 13 日，取自 http：//www.moi.gov.tw

內政部戶政司（2005b）。**台閩地區歷年育齡婦女生育率統計**。2005 年 11 月 13 日，取自 http：//www.moi.gov.tw

行政院衛生署（2004）。**台灣地區國人每年十大死因分析**。台北市：行政院衛生署。

京華鑽石（2005）。**花嫁日記**。台北市：京華鑽石門市部。

林菊枝（1976）。**婚姻與家庭**。台北市：正中。

林進材（1995）。**成長路上親子行**。台北市：商鼎。

林家興（1997）。**親職教育實施的實務**。台北市：幼獅。

林朝鳳（1994）。**幼兒教育原理**。台北市：復文。

林敏宜、邱書璇、林秀慧、謝依蓉、車薇（1998）。**親職教育**。台北市：啟英。

林佳瑩、蔡毓智（2004）。**行政院衛生署台灣地區不同年齡層自殺及自傷死亡分析**。台北市：行政院衛生署。

孫中英（2005，12 月 26 日）。人口提前零成長。**聯合報**，A3 版。

陳榮華（1995）。**行為改變技術**。台北市：五南。

彭懷真（2003）。**婚姻與家庭**。台北市：巨流。

彭駕騂（1994）。**婚姻輔導**。台北市：國立編譯館。

黃昆輝（2002）。**教育行政學**。台北市：東華。

黃德祥（1994）。**青少年發展與輔導**。台北市：五南。

黃迺毓（1998）。**家庭教育**。台北市：五南。

黃志成、王淑芬（1995）。**幼兒的發展與輔導**。台北市：揚智。

郭晉瑋、陳依峰、陳姿潔、黃千方（2006，3 月 24 日）。台灣地區歷年自殺及自傷死亡分析。**聯合報**，A5 版。

許峻彬（2005，4 月 25 日）。離婚去年 6.2 萬對。**聯合報**，A3 版。

曾端真（1991）。家族治療理論與實施。**諮商與輔導，88**，33-37。

曾端真（1993）。**婚姻與家族治療**。台北市：天馬。

曾明隆（2006，3 月 24 日）。台灣地區歷年自殺死亡率趨勢圖。**聯合報**，A5 版。

張春興（1989）。**教育心理學**。台北市：文景。

張媚、黃秀華、劉玉湘、吳佩玲、許瑛真、陳秀員、劉向媛、林麗娟、劉雅瑛、陳彰惠、楊玉娥、周汎澔、葉莉莉、邱秀瑜、林綺雲（2003）。**人類發展之概念與實務**。台北市：華杏。

許天威（1985）。**行為改變技術的理論與應用**。台北市：復文。

劉育仁（1991）。**台北市托兒所幼兒家長對親職教育的認知與期望研究**。台北市：中國文化大學。

謝文全（2004）。**教育行政學**。台北市：高等教育。

蘇建文等（1995）。**發展心理學**。台北市：心理。

藍采風（1996）。**婚姻與家庭**。台北市：幼獅。

英文部分

Calhoun, C. J., Light, D., & Keller, S. C. (1996). *Sociology.* McGraw-Hill.

Clapp, G. (1992). *Divorce & new beginning.* Canada: John Wiley & Sons.

Davidson, J. K., & Moore, N. B. (1992). *Marriage & family.* Dubuque, I.A.: Wm. C. Brown.

Duvall, E. M. (1977). *Marriage and family development* (5th ed.). NY: Lippincott.

Garrett, W. R. (1982). *Seasons of marriage and family life.* CBS College Publishing.

Goode, W. J. (1963). *World revolution and family* patterns. NY: The Free Press.

Goodman, N. (1993). *Marriage & the family.* Harper-Collins.

Knox, D. H. (1975). *Marriage: Who? When? Why?* Englewood Cliffs, NJ：Prentice-Hall.

Murstein, B. I. (1986). *Paths to marriage.* London: SAGE .

Orthner, D. K. (1981). *Intimate relationship: An introduction to marriage and the family.* Addison-Wesley.

Robbins, S. T. (2001). *Organizational behavior* (9th ed.). Upper Saddle River, NJ: Prentice-Hall.

Stephens, W. N. (1963). *The family in cross-cultural perspective.* NY: Holt, Rinehart and Winston.

Slavin, R. E. (1991). *Educational psychology.* Englewood Cliffs, NJ: Prentice-Hall.

Wallerstein, J. S., & Blakeslee, S. (1989). *Second chances: Men, women, and children a decade after divorce.* NY: Ticknor & fields.

附　錄

附錄一　兒童及少年福利法

中華民國九十二年五月二十八日總統華總一義字第 09200096700 號令

制定公布全文 75 條；並自公布日施行

第一章　總則

第 1 條 為促進兒童及少年身心健全發展，保障其權益，增進其福利，特制定本法。

兒童及少年福利依本法之規定，本法未規定者，適用其他法律之規定。

第 2 條 本法所稱兒童及少年，指未滿十八歲之人；所稱兒童，指未滿十二歲之人；所稱少年，指十二歲以上未滿十八歲之人。

第 3 條 父母或監護人對兒童及少年應負保護、教養之責任。對於主管機關、目的事業主管機關或兒童及少年福利機構依本法所為之各項措施，應配合及協助。

第 4 條 政府及公私立機構、團體應協助兒童及少年之父母或監護人，維護兒童及少年健康，促進其身心健全發展，對於需要保護、救助、輔導、治療、早期療育、身心障礙重建及其他特殊協助之兒童及少年，應提供所需服務及措施。

第 5 條 政府及公私立機構、團體處理兒童及少年相關事務時，應以兒童及少年之最佳利益為優先考量；有關其保護及救助，並應優先處理。

兒童及少年之權益受到不法侵害時，政府應予適當之協助及保護。

第 6 條 本法所稱主管機關：在中央為內政部；在直轄市為直轄市政府；在縣

（市）為縣（市）政府。

前項主管機關在中央應設兒童及少年局；在直轄市及縣（市）政府應設兒童及少年福利專責單位。

第 7 條 下列事項，由中央主管機關掌理。但涉及中央目的事業主管機關職掌，依法應由各中央目的事業主管機關掌理者，從其規定：

一、全國性兒童及少年福利政策、法規與方案之規劃、釐定及宣導事項。

二、對直轄市、縣（市）政府執行兒童及少年福利之監督及協調事項。

三、中央兒童及少年福利經費之分配及補助事項。

四、兒童及少年福利事業之策劃、獎助及評鑑之規劃事項。

五、兒童及少年福利專業人員訓練之規劃事項。

六、國際兒童少年福利業務之聯繫、交流合作事項。

七、兒童及少年保護業務之規劃事項。

八、中央或全國性兒童及少年福利機構之設立、監督及輔導事項。

九、其他全國性兒童及少年福利之策劃及督導事項。

第 8 條 下列事項，由直轄市、縣（市）主管機關掌理。但涉及各地方目的事業主管機關職掌，依法應由各地方目的事業主管機關掌理者，從其規定：

一、直轄市、縣（市）兒童及少年福利政策、自治法規與方案之規劃、釐定、宣導及執行事項。

二、中央兒童及少年福利政策、法規及方案之執行事項。

三、兒童及少年福利專業人員訓練之執行事項。

四、兒童及少年保護業務之執行事項。

五、直轄市、縣（市）兒童及少年福利機構之設立、監督及輔導事項。

六、其他直轄市、縣（市）兒童及少年福利之策劃及督導事項。

第 9 條 本法所定事項，主管機關及各目的事業主管機關應就其權責範圍，針對兒童及少年之需要，尊重多元文化差異，主動規劃所需福利，對涉及相

關機關之兒童及少年福利業務，應全力配合之。

主管機關及各目的事業主管機關權責劃分如下：

一、主管機關：主管兒童及少年福利法規、政策、福利工作、福利事業、專業人員訓練、兒童及少年保護、親職教育、福利機構設置等相關事宜。

二、衛生主管機關：主管婦幼衛生、優生保健、發展遲緩兒童早期醫療、兒童及少年心理保健、醫療、復健及健康保險等相關事宜。

三、教育主管機關：主管兒童及少年教育及其經費之補助、特殊教育、幼稚教育、兒童及少年就學、家庭教育、社會教育、兒童課後照顧服務等相關事宜。

四、勞工主管機關：主管年滿十五歲少年之職業訓練、就業服務、勞動條件之維護等相關事宜。

五、建設、工務、消防主管機關：主管兒童及少年福利機構建築物管理、公共設施、公共安全、建築物環境、消防安全管理、遊樂設施等相關事宜。

六、警政主管機關：主管兒童及少年保護個案人身安全之維護、失蹤兒童及少年之協尋等相關事宜。

七、交通主管機關：主管兒童及少年交通安全、幼童專用車檢驗等相關事宜。

八、新聞主管機關：主管兒童及少年閱聽權益之維護、媒體分級等相關事宜之規劃與辦理。

九、戶政主管機關：主管兒童及少年身分資料及戶籍相關事宜。

一〇、財政主管機關：主管兒童及少年福利機構稅捐之減免等相關事宜。

一一、其他兒童及少年福利措施由各相關目的事業主管機關依職權辦理。

第 10 條 主管機關為協調、研究、審議、諮詢及推動兒童及少年福利政策，應設諮詢性質之委員會。

前項委員會以行政首長為主任委員，學者、專家及民間團體代表之比例不得低於委員人數之二分之一。委員會每年至少應開會四次。

第 11 條 政府及公私立機構、團體應培養兒童及少年福利專業人員，並應定期舉辦職前訓練及在職訓練。

第 12 條 兒童及少年福利經費之來源如下：

一、各級政府年度預算及社會福利基金。

二、私人或團體捐贈。

三、依本法所處之罰鍰。

四、其他相關收入。

第二章　身分權益

第 13 條 胎兒出生後七日內，接生人應將其出生之相關資料通報戶政及衛生主管機關備查。

接生人無法取得完整資料以填報出生通報者，仍應為前項之通報。戶政主管機關應於接獲通報後，依相關規定辦理；必要時，得請求主管機關、警政及其他目的事業主管機關協助。

出生通報表由中央衛生主管機關定之。

第 14 條 法院認可兒童及少年收養事件，應基於兒童及少年之最佳利益，斟酌收養人之人格、經濟能力、家庭狀況及以往照顧或監護其他兒童及少年之紀錄決定之。滿七歲之兒童及少年被收養時，兒童及少年之意願應受尊重。兒童及少年不同意時，非確信認可被收養，乃符合其最佳利益，法院應不予認可。

法院認可兒童及少年之收養前，得准收養人與兒童及少年先行共同生活一段期間，供法院決定認可之參考；共同生活期間，對於兒童及少年權

利義務之行使或負擔，由收養人為之。

法院認可兒童及少年之收養前，應命主管機關或兒童及少年福利機構進行訪視，提出調查報告及建議。收養人或收養事件之利害關係人亦得提出相關資料或證據，供法院斟酌。

前項主管機關或兒童及少年福利機構進行前項訪視，應調查出養之必要性，並給予必要之協助。其無出養之必要者，應建議法院不為收養之認可。

法院對被遺棄兒童及少年為收養認可前，應命主管機關調查其身分資料。

父母對於兒童及少年出養之意見不一致，或一方所在不明時，父母之一方仍可向法院聲請認可。經法院調查認為收養乃符合兒童及少年之最佳利益時，應予認可。

法院認可或駁回兒童及少年收養之聲請時，應以書面通知主管機關，主管機關應為必要之訪視或其他處置，並作成報告。

第 15 條 收養兒童及少年經法院認可者，收養關係溯及於收養書面契約成立時發生效力；無書面契約者，以向法院聲請時為收養關係成立之時；有試行收養之情形者，收養關係溯及於開始共同生活時發生效力。

聲請認可收養後，法院裁定前，兒童及少年死亡者，聲請程序終結。收養人死亡者，法院應命主管機關或其委託機構為調查，並提出報告及建議，法院認收養於兒童及少年有利益時，仍得為認可收養之裁定，其效力依前項之規定。

第 16 條 養父母對養子女有下列之行為，養子女、利害關係人或主管機關得向法院聲請宣告終止其收養關係：

一、有第三十條各款所定行為之一。

二、違反第二十六條第二項或第二十八條第二項規定，情節重大者。

第 17 條 中央主管機關應自行或委託兒童及少年福利機構設立收養資訊中心，保存出養人、收養人及被收養兒童及少年之身分、健康等相關資訊之檔案。

收養資訊中心、所屬人員或其他辦理收出養業務之人員，對前項資訊，應妥善維護當事人之隱私並負專業上保密之責，未經當事人同意或依法律規定者，不得對外提供。

第一項資訊之範圍、來源、管理及使用辦法，由中央主管機關定之。

第 18 條 父母或監護人因故無法對其兒童及少年盡扶養義務時，於聲請法院認可收養前，得委託有收出養服務之兒童及少年福利機構，代覓適當之收養人。

前項機構應於接受委託後，先為出養必要性之訪視調查；評估有其出養必要後，始為寄養、試養或其他適當之安置、輔導與協助。

兒童及少年福利機構從事收出養服務項目之許可、管理、撤銷及收出養媒介程序等事項，由中央主管機關定之。

第三章　福利措施

第 19 條 直轄市、縣（市）政府，應鼓勵、輔導、委託民間或自行辦理下列兒童及少年福利措施：

一、建立發展遲緩兒童早期通報系統，並提供早期療育服務。

二、辦理兒童托育服務。

三、對兒童及少年及其家庭提供諮詢輔導服務。

四、對兒童及少年及其父母辦理親職教育。

五、對於無力撫育其未滿十二歲之子女或被監護人者，予以家庭生活扶助或醫療補助。

六、對於無謀生能力或在學之少年，無扶養義務人或扶養義務人無力維持其生活者，予以生活扶助或醫療補助。

七、早產兒、重病兒童及少年與發展遲緩兒童之扶養義務人無力支付醫

療費用之補助。

八、對於不適宜在家庭內教養或逃家之兒童及少年，提供適當之安置。

九、對於無依兒童及少年，予以適當之安置。

一〇、對於未婚懷孕或分娩而遭遇困境之婦嬰，予以適當之安置及協助。

一一、提供兒童及少年適當之休閒、娛樂及文化活動。

一二、辦理兒童課後照顧服務。

一三、其他兒童及少年及其家庭之福利服務。

前項第九款無依兒童及少年之通報、協尋、安置方式、要件、追蹤之處理辦法，由中央主管機關定之。

第一項第十二款之兒童課後照顧服務，得由直轄市、縣（市）政府指定所屬國民小學辦理，其辦理方式、人員資格等相關事項標準，由教育部會同內政部定之。

第 20 條 政府應規劃實施三歲以下兒童醫療照顧措施，必要時並得補助其費用。

前項費用之補助對象、項目、金額及其程序等之辦法，由中央主管機關定之。

第 21 條 疑似發展遲緩兒童或身心障礙兒童及少年之父母或監護人，得申請警政主管機關建立疑似發展遲緩兒童或身心障礙兒童及少年之指紋資料。

第 22 條 各類兒童及少年福利、教育及醫療機構，發現有疑似發展遲緩兒童或身心障礙兒童及少年，應通報直轄市、縣（市）主管機關。直轄市、縣（市）主管機關應將接獲資料，建立檔案管理，並視其需要提供、轉介適當之服務。

第 23 條 政府對發展遲緩兒童，應按其需要，給予早期療育、醫療、就學方面之特殊照顧。

父母、監護人或其他實際照顧兒童之人，應配合前項政府對發展遲緩兒童所提供之各項特殊照顧。

早期療育所需之篩檢、通報、評估、治療、教育等各項服務之銜接及協調機制，由中央主管機關會同衛生、教育主管機關規劃辦理。

第 24 條 兒童及孕婦應優先獲得照顧。

交通及醫療等公、民營事業應提供兒童及孕婦優先照顧措施。

第 25 條 少年年滿十五歲有進修或就業意願者，教育、勞工主管機關應視其性向及志願，輔導其進修、接受職業訓練或就業。

雇主對年滿十五歲之少年員工應提供教育進修機會，其辦理績效良好者，勞工主管機關應予獎勵。

第四章　保護措施

第 26 條 兒童及少年不得為下列行為：

一、吸菸、飲酒、嚼檳榔。

二、施用毒品、非法管制藥品或其他有害身心健康之物質。

三、觀看、閱覽、收聽或使用足以妨害其身心健康之暴力、色情、猥褻、賭博之出版品、圖畫、錄影帶、錄音帶、影片、光碟、磁片、電子訊號、遊戲軟體、網際網路或其他物品。

四、在道路上競駛、競技或以蛇行等危險方式駕車或參與其行為。

父母、監護人或其他實際照顧兒童及少年之人，應禁止兒童及少年為前項各款行為。

任何人均不得供應第一項之物質、物品予兒童及少年。

第 27 條 出版品、電腦軟體、電腦網路應予分級；其他有害兒童及少年身心健康之物品經目的事業主管機關認定應予分級者，亦同。

前項物品列為限制級者，禁止對兒童及少年為租售、散布、播送或公然陳列。

第一項物品之分級辦法，由目的事業主管機關定之。

第 28 條 兒童及少年不得出入酒家、特種咖啡茶室、限制級電子遊戲場及其他涉

及賭博、色情、暴力等經主管機關認定足以危害其身心健康之場所。

父母、監護人或其他實際照顧兒童及少年之人，應禁止兒童及少年出入前項場所。

第一項場所之負責人及從業人員應拒絕兒童及少年進入。

第 29 條 父母、監護人或其他實際照顧兒童及少年之人，應禁止兒童及少年充當前條第一項場所之侍應或從事危險、不正當或其他足以危害或影響其身心發展之工作。

任何人不得利用、僱用或誘迫兒童及少年從事前項之工作。

第 30 條 任何人對於兒童及少年不得有下列行為：

一、遺棄。

二、身心虐待。

三、利用兒童及少年從事有害健康等危害性活動或欺騙之行為。

四、利用身心障礙或特殊形體兒童及少年供人參觀。

五、利用兒童及少年行乞。

六、剝奪或妨礙兒童及少年接受國民教育之機會。

七、強迫兒童及少年婚嫁。

八、拐騙、綁架、買賣、質押兒童及少年，或以兒童及少年為擔保之行為。

九、強迫、引誘、容留或媒介兒童及少年為猥褻行為或性交。

一〇、供應兒童及少年刀械、槍㉒、彈藥或其他危險物品。

一一、利用兒童及少年拍攝或錄製暴力、猥褻、色情或其他有害兒童及少年身心發展之出版品、圖畫、錄影帶、錄音帶、影片、光碟、磁片、電子訊號、遊戲軟體、網際網路或其他物品。

一二、違反媒體分級辦法，對兒童及少年提供或播送有害其身心發展之出版品、圖畫、錄影帶、影片、光碟、電子訊號、網際網路或其他物品。

一三、帶領或誘使兒童及少年進入有礙其身心健康之場所。

一四、其他對兒童及少年或利用兒童及少年犯罪或為不正當之行為。

第 31 條 孕婦不得吸菸、酗酒、嚼檳榔、施用毒品、非法施用管制藥品或為其他有害胎兒發育之行為。

任何人不得強迫、引誘或以其他方式使孕婦為有害胎兒發育之行為。

第 32 條 父母、監護人或其他實際照顧兒童之人不得使兒童獨處於易發生危險或傷害之環境；對於六歲以下兒童或需要特別看護之兒童及少年，不得使其獨處或由不適當之人代為照顧。

第 33 條 兒童及少年有下列情事之一，宜由相關機構協助、輔導者，直轄市、縣（市）主管機關得依其父母、監護人或其他實際照顧兒童及少年之人之申請或經其同意，協調適當之機構協助、輔導或安置之：

一、違反第二十六條第一項、第二十八條第一項規定或從事第二十九條第一項禁止從事之工作，經其父母、監護人或其他實際照顧兒童及少年之人盡力禁止而無效果。

二、有品行不端、暴力等偏差行為，情形嚴重，經其父母、監護人或其他實際照顧兒童及少年之人盡力矯正而無效果。

前項機構協助、輔導或安置所必要之生活費、衛生保健費、學雜各費及其他相關費用，由扶養義務人負擔。

第 34 條 醫事人員、社會工作人員、教育人員、保育人員、警察、司法人員及其他執行兒童及少年福利業務人員，知悉兒童及少年有下列情形之一者，應立即向直轄市、縣（市）主管機關通報，至遲不得超過二十四小時：

一、施用毒品、非法施用管制藥品或其他有害身心健康之物質。

二、充當第二十八條第一項場所之侍應。

三、遭受第三十條各款之行為。

四、有第三十六條第一項各款之情形。

五、遭受其他傷害之情形。

其他任何人知悉兒童及少年有前項各款之情形者，得通報直轄市、縣（市）主管機關。

直轄市、縣（市）主管機關於知悉或接獲通報前二項案件時，應立即處理，至遲不得超過二十四小時，其承辦人員並應於受理案件後四日內提出調查報告。

第一項及第二項通報及處理辦法，由中央主管機關定之。

第一項及第二項通報人之身分資料，應予保密。

第 35 條 兒童及少年罹患性病或有酒癮、藥物濫用情形者，其父母、監護人或其他實際照顧兒童及少年之人應協助就醫，或由直轄市、縣（市）主管機關會同衛生主管機關配合協助就醫；必要時，得請求警察主管機關協助。

前項治療所需之費用，由兒童及少年之父母、監護人負擔。但屬全民健康保險給付範圍或依法補助者，不在此限。

第 36 條 兒童及少年有下列各款情形之一，非立即給予保護、安置或為其他處置，其生命、身體或自由有立即之危險或有危險之虞者，直轄市、縣（市）主管機關應予緊急保護、安置或為其他必要之處置：

一、兒童及少年未受適當之養育或照顧。

二、兒童及少年有立即接受診治之必要，而未就醫者。

三、兒童及少年遭遺棄、身心虐待、買賣、質押，被強迫或引誘從事不正當之行為或工作者。

四、兒童及少年遭受其他迫害，非立即安置難以有效保護者。

直轄市、縣（市）主管機關為前項緊急保護、安置或為其他必要之處置時，得請求檢察官或當地警察機關協助之。

第一項兒童及少年之安置，直轄市、縣（市）主管機關得辦理家庭寄養、交付適當之兒童及少年福利機構或其他安置機構教養之。

第 37 條 直轄市、縣（市）主管機關依前條規定緊急安置時，應即通報當地地方

法院及警察機關，並通知兒童及少年之父母、監護人。但其無父母、監護人或通知顯有困難時，得不通知之。

緊急安置不得超過七十二小時，非七十二小時以上之安置不足以保護兒童及少年者，得聲請法院裁定繼續安置。繼續安置以三個月為限；必要時，得聲請法院裁定延長之。

繼續安置之聲請，得以電訊傳真或其他科技設備為之。

第 38 條 直轄市、縣（市）主管機關、父母、監護人、受安置兒童及少年對於前條第二項裁定有不服者，得於裁定送達後十日內提起抗告。對於抗告法院之裁定不得再抗告。

聲請及抗告期間，原安置機關、機構或寄養家庭得繼續安置。

安置期間因情事變更或無依原裁定繼續安置之必要者，直轄市、縣（市）主管機關、父母、原監護人、受安置兒童及少年得向法院聲請變更或撤銷之。

直轄市、縣（市）主管機關對於安置期間期滿或依前項撤銷安置之兒童及少年，應續予追蹤輔導一年。

第 39 條 安置期間，直轄市、縣（市）主管機關或受其交付安置之機構或寄養家庭在保護安置兒童及少年之範圍內，行使、負擔父母對於未成年子女之權利義務。

法院裁定得繼續安置兒童及少年者，直轄市、縣（市）主管機關或受其交付安置之機構或寄養家庭，應選任其成員一人執行監護事務，並負與親權人相同之注意義務。直轄市、縣（市）主管機關應陳報法院執行監護事務之人，並應按個案進展作成報告備查。安置期間，兒童及少年之父母、原監護人、親友、師長經主管機關許可，得依其指示時間、地點及方式，探視兒童及少年。不遵守指示者，直轄市、縣（市）主管機關得禁止之。

主管機關為前項許可時，應尊重兒童及少年之意願。

第 40 條 安置期間，非為貫徹保護兒童及少年之目的，不得使其接受訪談、偵訊、訊問或身體檢查。

兒童及少年接受訪談、偵訊、訊問或身體檢查，應由社會工作人員陪同，並保護其隱私。

第 41 條 兒童及少年因家庭發生重大變故，致無法正常生活於其家庭者，其父母、監護人、利害關係人或兒童及少年福利機構，得申請直轄市、縣（市）主管機關安置或輔助。

前項安置，直轄市、縣（市）主管機關得辦理家庭寄養、交付適當之兒童及少年福利機構或其他安置機構教養之。

直轄市、縣（市）主管機關、受寄養家庭或機構負責人依第一項規定，在安置兒童及少年之範圍內，行使、負擔父母對於未成年子女之權利義務。

第一項之家庭情況改善者，被安置之兒童及少年仍得返回其家庭，並由主管機關續予追蹤輔導一年。

第二項及第三十六條第三項之家庭寄養，其寄養條件、程序與受寄養家庭之資格、許可、督導、考核及獎勵之辦法，由直轄市、縣（市）主管機關定之。

第 42 條 直轄市、縣（市）主管機關依第三十六條第三項或前條第二項對兒童及少年為安置時，因受寄養家庭或安置機構提供兒童及少年必要服務所需之生活費、衛生保健費、學雜各費及其他與安置有關之費用，得向扶養義務人收取；其收費規定，由直轄市、縣（市）主管機關定之。

第 43 條 兒童及少年有第三十條或第三十六條第一項各款情事，或屬目睹家庭暴力之兒童及少年，經直轄市、縣（市）主管機關列為保護個案者，該主管機關應提出兒童及少年家庭處遇計畫；必要時，得委託兒童及少年福利機構或團體辦理。

前項處遇計畫得包括家庭功能評估、兒童少年安全與安置評估、親職教

育、心理輔導、精神治療、戒癮治療或其他與維護兒童及少年或其他家庭正常功能有關之扶助及福利服務方案。

處遇計畫之實施，兒童及少年本人、父母、監護人、實際照顧兒童及少年之人或其他有關之人應予配合。

第 44 條 依本法保護、安置、訪視、調查、評估、輔導、處遇兒童及少年或其家庭，應建立個案資料，並定期追蹤評估。

因職務上所知悉之秘密或隱私及所製作或持有之文書，應予保密，非有正當理由，不得洩漏或公開。

第 45 條 對於依少年事件處理法所轉介或交付安置輔導之兒童及少年及其家庭，當地主管機關應予以追蹤輔導，並提供必要之福利服務。

前項追蹤輔導及福利服務，得委託兒童及少年福利機構為之。

第 46 條 宣傳品、出版品、廣播電視、電腦網路或其他媒體不得報導或記載遭受第三十條或第三十六條第一項各款行為兒童及少年之姓名或其他足以識別身分之資訊。兒童及少年有施用毒品、非法施用管制藥品或其他有害身心健康之物質之情事者，亦同。

行政機關及司法機關所製作必須公開之文書，不得揭露足以識別前項兒童及少年身分之資訊。

除前二項以外之任何人亦不得於媒體、資訊或以其他公示方式揭示有關第一項兒童及少年之姓名及其他足以識別身分之資訊。

第 47 條 直轄市、縣（市）主管機關就本法規定事項，必要時，得自行或委託兒童及少年福利機構、團體進行訪視、調查及處遇。

直轄市、縣（市）主管機關或受其委託之機構或團體進行訪視、調查及處遇時，兒童及少年之父母、監護人、實際照顧兒童及少年之人、師長、雇主、醫事人員及其他有關之人應予配合並提供相關資料；必要時，該主管機關並得請求警政、戶政、財政、教育或其他相關機關或機構協助，被請求之機關或機構應予配合。

第 48 條 父母或監護人對兒童及少年疏於保護、照顧情節嚴重，或有第三十條、第三十六條第一項各款行為，或未禁止兒童及少年施用毒品、非法施用管制藥品者，兒童及少年或其最近尊親屬、主管機關、兒童及少年福利機構或其他利害關係人，得聲請法院宣告停止其親權或監護權之全部或一部，或另行選定或改定監護人；對於養父母，並得聲請法院宣告終止其收養關係。

法院依前項規定選定或改定監護人時，得指定主管機關、兒童及少年福利機構之負責人或其他適當之人為兒童及少年之監護人，並得指定監護方法、命其父母、原監護人或其他扶養義務人交付子女、支付選定或改定監護人相當之扶養費用及報酬、命為其他必要處分或訂定必要事項。

前項裁定，得為執行名義。

第 49 條 有事實足以認定兒童及少年之財產權益有遭受侵害之虞者，主管機關得請求法院就兒童及少年財產之管理、使用、收益或處分，指定或改定社政主管機關或其他適當之人任監護人或指定監護之方法，並得指定或改定受託人管理財產之全部或一部。

前項裁定確定前，主管機關得代為保管兒童及少年之財產。

第五章　福利機構

第 50 條 兒童及少年福利機構分類如下：

一、托育機構。

二、早期療育機構。

三、安置及教養機構。

四、心理輔導或家庭諮詢機構。

五、其他兒童及少年福利機構。

前項兒童及少年福利機構之規模、面積、設施、人員配置及業務範圍等事項之標準，由中央主管機關定之。

第一項兒童及少年福利機構，各級主管機關應鼓勵、委託民間或自行創辦；其所屬公立兒童及少年福利機構之業務，必要時，並得委託民間辦理。

第 51 條 兒童及少年福利機構之業務，應遴用專業人員辦理；其專業人員之類別、資格、訓練及課程等之辦法，由中央主管機關定之。

第 52 條 私人或團體辦理兒童及少年福利機構，應向當地主管機關申請設立許可；其有對外勸募行為且享受租稅減免者，應於設立許可之日起六個月內辦理財團法人登記。

未於前項期間辦理財團法人登記，而有正當理由者，得申請核准延長一次，期間不得超過三個月；屆期不辦理者，原許可失其效力。

第一項申請設立之許可要件、申請程序、審核期限、撤銷與廢止許可、督導管理及其他應遵行事項之辦法，由中央主管機關定之。

第 53 條 兒童及少年福利機構不得利用其事業為任何不當之宣傳；其接受捐贈者，應公開徵信，並不得利用捐贈為設立目的以外之行為。

主管機關應辦理輔導、監督、檢查、評鑑及獎勵兒童及少年福利機構。

前項評鑑對象、項目、方式及獎勵方式等辦法，由主管機關定之。

第六章　罰則

第 54 條 接生人違反第十三條規定者，由衛生主管機關處新臺幣六千元以上三萬元以下罰鍰。

第 55 條 父母、監護人或其他實際照顧兒童及少年之人，違反第二十六條第二項規定情節嚴重者，處新臺幣一萬元以上五萬元以下罰鍰。

供應菸、酒或檳榔予兒童及少年者，處新臺幣三千元以上一萬五千元以下罰鍰。

供應毒品、非法供應管制藥品或其他有害身心健康之物質予兒童及少年者，處新臺幣六萬元以上三十萬元以下罰鍰。

供應有關暴力、猥褻或色情之出版品、圖畫、錄影帶、影片、光碟、電子訊號、電腦網路或其他物品予兒童及少年者，處新臺幣六千元以上三萬元以下罰鍰。

第 56 條 父母、監護人或其他實際照顧兒童及少年之人，違反第二十八條第二項規定者，處新臺幣一萬元以上五萬元以下罰鍰。

違反第二十八條第三項規定者，處新臺幣二萬元以上十萬元以下罰鍰，並公告場所負責人姓名。

第 57 條 父母、監護人或其他實際照顧兒童及少年之人，違反第二十九條第一項規定者，處新臺幣二萬元以上十萬元以下罰鍰，並公告其姓名。

違反第二十九條第二項規定者，處新臺幣六萬元以上三十萬元以下罰鍰，公告行為人及場所負責人之姓名，並令其限期改善；屆期仍不改善者，除情節嚴重，由主管機關移請目的事業主管機關令其歇業者外，令其停業一個月以上一年以下。

第 58 條 違反第三十條規定者，處新臺幣三萬元以上十五萬元以下罰鍰，並公告其姓名。

違反第三十條第十二款規定者，處新臺幣十萬元以上五十萬元以下罰鍰，並得勒令停業一個月以上一年以下。

第 59 條 違反第三十一條第二項規定者，處新臺幣一萬元以上五萬元以下罰鍰。

第 60 條 違反第三十二條規定者，處新臺幣三千元以上一萬五千元以下罰鍰。

第 61 條 違反第三十四條第一項規定而無正當理由者，處新臺幣六千元以上三萬元以下罰鍰。

第 62 條 違反第十七條第二項、第三十四條第五項、第四十四條第二項、第四十六條第三項而無正當理由者，處新臺幣六千元以上三萬元以下罰鍰。

第 63 條 違反第四十六條第一項規定者，各目的事業主管機關對其負責人及行為人，得各處新臺幣三萬元以上三十萬元以下罰鍰，並得沒入第四十六條第一項規定之物品。

第 64 條 兒童及少年之父母、監護人、實際照顧兒童及少年之人、師長、雇主、醫事人員及其他有關之人違反第四十七條第二項規定而無正當理由者，處新臺幣六千元以上三萬元以下罰鍰，並得按次處罰，至其配合或提供相關資料為止。

第 65 條 父母、監護人或其他實際照顧兒童及少年之人有下列情事之一者，直轄市、縣（市）主管機關得令其接受八小時以上五十小時以下之親職教育輔導，並收取必要之費用；其收費規定，由直轄市、縣（市）主管機關定之：

一、對於兒童及少年所為第二十六條第一項第二款行為，未依同條第二項規定予以禁止。

二、違反第二十八條第二項、第二十九條第一項、第三十條或第三十二條規定，情節嚴重。

三、有第三十六條第一項各款情事之一者。

經直轄市、縣（市）主管機關令其接受前項親職教育輔導，有正當理由無法如期參加者，得申請延期。

拒不接受第一項親職教育輔導或時數不足者，處新臺幣三千元以上一萬五千元以下罰鍰；經再通知仍不接受者，得按次連續處罰，至其參加為止。

第 66 條 違反第五十二條第一項規定者，由設立許可主管機關處新臺幣六萬元以上三十萬元以下罰鍰並公告其姓名，並命其限期申辦設立許可，屆期仍不辦理者，得按次處罰。

經設立許可主管機關依第五十二條第一項規定令其立即停止對外勸募之行為，而不遵令者，由設立許可主管機關處新臺幣六萬元以上三十萬元以下罰鍰並限期改善；屆期仍不改善者，得按次處罰並公告其名稱，並得令其停辦一日以上一個月以下。

兒童及少年福利機構有下列各款情形之一者，設立許可主管機關應通知

其限期改善；屆期仍不改善者，得令其停辦一個月以上一年以下：

一、虐待或妨害兒童及少年身心健康者。

二、違反法令或捐助章程者。

三、業務經營方針與設立目的不符者。

四、財務收支未取具合法之憑證、捐款未公開徵信或會計紀錄未完備者。

五、規避、妨礙或拒絕主管機關或目的事業主管機關輔導、檢查、監督者。

六、對各項工作業務報告申報不實者。

七、擴充、遷移、停業未依規定辦理者。

八、供給不衛生之餐飲，經衛生主管機關查明屬實者。

九、提供不安全之設施設備者。

一〇、發現兒童及少年受虐事實未向直轄市、縣（市）主管機關通報者。

一一、依第五十二條第一項須辦理財團法人登記而未登記者，其有對外募捐行為時。

一二、有其他重大情事，足以影響兒童及少年身心健康者。

依前二項規定令其停辦而拒不遵守者，處新臺幣六萬元以上三十萬元以下罰鍰。經處罰鍰，仍拒不停辦者，設立許可主管機關應廢止其設立許可。

兒童及少年福利機構停辦、停業、解散、撤銷許可或經廢止許可時，設立許可主管機關對於該機構收容之兒童及少年應即予適當之安置。兒童及少年福利機構應予配合；不予配合者，強制實施之，並處以新臺幣六萬元以上三十萬元以下罰鍰。

第 67 條 依本法應受處罰者，除依本法處罰外，其有犯罪嫌疑者，應移送司法機關處理。

第 68 條 依本法所處之罰鍰，經限期繳納，屆期仍不繳納者，依法移送強制執行。

第七章　附則

第 69 條 十八歲以上未滿二十歲之人，於緊急安置等保護措施，準用本法之規定。

第 70 條 成年人教唆、幫助或利用兒童及少年犯罪或與之共同實施犯罪或故意對其犯罪者，加重其刑至二分之一。但各該罪就被害人係兒童及少年已定有特別處罰規定者，不在此限。

對於兒童及少年犯罪者，主管機關得獨立告訴。

第 71 條 以詐欺或其他不正當方法領取本法相關補助或獎勵費用者，主管機關應撤銷原處分並以書面限期命其返還，屆期未返還者，依法移送強制執行；其涉及刑事責任者，移送司法機關辦理。

第 72 條 扶養義務人不依本法規定支付相關費用者，如為保護兒童及少年之必要，由主管機關於兒童及少年福利經費中先行支付。

第 73 條 本法修正施行前已許可立案之兒童福利機構及少年福利機構，於本法修正公布施行後，其設立要件與本法及所授權辦法規定不相符合者，應於中央主管機關公告指定之期限內改善；屆期未改善者，依本法規定處理。

第 74 條 本法施行細則，由中央主管機關定之。

第 75 條 本法自公布日施行。

附錄二　家庭教育法

中華民國九十二年二月六日總統華總一義字第 09200017680 號令

制定公布全文 20 條；並自公布日施行

第 1 條 為增進國民家庭生活知能，健全國民身心發展，營造幸福家庭，以建立祥和社會，特制定本法；本法未規定者，適用其他有關法律之規定。

第 2 條 本法所稱家庭教育，係指具有增進家人關係與家庭功能之各種教育活動，其範圍如下：

一、親職教育。

二、子職教育。

三、兩性教育。

四、婚姻教育。

五、倫理教育。

六、家庭資源與管理教育。

七、其他家庭教育事項。

第 3 條 本法所稱主管機關：在中央為教育部；在直轄市為直轄市政府；在縣（市）為縣（市）政府。

本法涉及各目的事業主管機關職掌時，各該機關應配合辦理。

第 4 條 中央主管機關掌理下列事項：

一、家庭教育法規及政策之研訂事項。

二、推展家庭教育工作之研究及發展事項。

三、推展全國性家庭教育工作之策劃、委辦及督導事項。

四、推展全國性家庭教育工作之獎助及評鑑事項。

五、家庭教育專業人員之職前及在職訓練事項。

六、家庭教育之宣導及推展事項。

七、推展國際家庭教育業務之交流及合作事項。

八、其他全國性家庭教育之推展事項。

第 5 條 直轄市、縣（市）主管機關掌理下列事項：

一、推展地方性家庭教育之策劃、辦理及督導事項。

二、所屬學校、機構等辦理家庭教育工作之獎助及評鑑事項。

三、家庭教育志願工作人員之在職訓練事項。

四、推展地方與國際家庭教育業務之交流及合作事項。

五、其他地方性家庭教育之推展事項。

第 6 條 各級主管機關應遴聘（派）學者專家、機關、團體代表組成家庭教育諮詢委員會，其任務如下：

一、提供有關家庭教育政策及法規興革之意見。

二、協調、督導及考核有關機關、團體推展家庭教育之事項。

三、研訂實施家庭教育措施之發展方向。

四、提供家庭教育推展策略、方案、計畫等事項之意見。

五、提供家庭教育課程、教材、活動之規劃、研發等事項之意見。

六、提供推展家庭教育機構提高服務效能事項之意見。

七、其他有關推展家庭教育之諮詢事項。

前項家庭教育諮詢委員會之委員遴選、組織及運作方式，由各級主管機關定之。

第 7 條 直轄市、縣（市）主管機關應遴聘家庭教育專業人員，設置家庭教育中心，並結合教育、文化、衛生、社政、戶政、勞工、新聞等相關機關或單位、學校及大眾傳播媒體辦理下列事項：

一、各項家庭教育推廣活動。

二、志願工作人員人力資源之開發、培訓、考核等事項。

三、國民之家庭教育諮詢及輔導事項。

四、其他有關家庭教育推展事項。

前項家庭教育專業人員之資格、遴聘及培訓辦法，由中央主管機關定之。

第一項家庭教育中心之組織規程，由各級主管機關定之。

本法公布施行前，各直轄市、縣（市）政府依規定已進用之家庭教育中心專業人員，經主管機關認定為績優並符合第二項專業人員資格者，得依業務需要優先聘用之。

第 8 條 推展家庭教育之機構、團體如下：

一、家庭教育中心。

二、各級社會教育機構。

三、各級學校。

四、各類型大眾傳播機構。

五、其他與家庭教育有關之公私立機構或團體。

第 9 條 推展家庭教育機構、團體得徵訓志願工作人員，協助家庭教育之推展。

第 10 條 各級主管機關應對推展家庭教育之專業人員、行政人員及志願工作人員，提供各種進修課程或訓練；其課程或訓練內容、由各該主管機關定之。

第 11 條 家庭教育之推展，以多元、彈性、符合終身學習為原則，依其對象及實際需要，得採演講、座談、遠距教學、個案輔導、自學、參加成長團體及其他方式為之。

第 12 條 高級中等以下學校每學年應在正式課程外實施四小時以上家庭教育課程及活動，並應會同家長會辦理親職教育。

各級主管機關應積極鼓勵師資培育機構，將家庭教育相關課程列為必修科目或通識教育課程。

第 13 條 中央主管機關得視需要研訂優先接受家庭教育服務之對象及措施並推動之；必要時，得委託直轄市、縣（市）主管機關或推展家庭教育機構、團體辦理。

前項優先對象及推動措施之方式，由中央主管機關定之。

第 14 條 直轄市、縣（市）主管教育行政機關應針對適婚男女，提供至少四小時婚前家庭教育課程，以培養正確之婚姻觀念，促進家庭美滿；必要時，得研訂獎勵措施，鼓勵適婚男女參加。

第 15 條 各級學校於學生有重大違規事件或特殊行為時，應即通知其家長或監護人；並提供相關家庭教育諮商或輔導之課程，其辦法，由該管主管機關定之。

前項各級學校為家長或監護人提供家庭教育諮商或輔導之課程內容、時數、家長參與、家庭訪問及其他相關事項之辦法，由該管主管機關定之。

第 16 條 中央主管機關得委託相關機構、學校，進行各類家庭教育課程、教材之研發。

第 17 條 各級主管機關應寬籌家庭教育經費，並於教育經費預算內編列專款，積極推展家庭教育。

第 18 條 各級主管機關應研訂獎助事項，鼓勵公私立學校及機構、團體、私人辦理推展家庭教育之工作。

第 19 條 本法施行細則，由中央主管機關定之。

第 20 條 本法自公布日施行。

附錄三　加強學校青年輔導工作實施要點

中華民國七十年十二月二十一日教育部公布

一、依據

㈠民國六十二年五月廿九日公布之「青年工作要點」。

㈡行政院青年工作諮詢委員第一次會議院長之指示。

㈡第三屆全國青年輔導工作研討會結論。

二、工作目標

㈠輔導學校青年熱愛中華文化，堅定愛國信念。

㈡輔導學校青年養成守法守紀的習慣。

㈢輔導學校青年養成正確之自我觀念，俾從自我瞭解、自我肯定、進而自我實現。

㈣輔導學校青年獲得正確的職業觀念，確立人生奮鬥目標，以發揮潛能，服務社會。

㈤輔導學校青年透過各種有意義的活動社暨社會服務，養成勤勞儉樸、服務樂群的美德。

㈥重視學校青年身心健康，積極改善學習環境，解決生活疑難。

三、工作對象

全國公私立中等以上學校青年。

四、工作原則

㈠配合政府輔導青年方針：愛護青年、瞭解青年、輔導青年。

㈡瞭解學校青年心態與需要：積極改善學校青年生活和教學環境，使青年心智與潛能獲得更大的發展。

㈢把握工作重點：踏實沉著，持久貫徹，並求生動活潑，精益求精。

㈣革新工作觀念：積極獎勵重於消極限制，事先啟迪重於事後輔導。

五、工作方法

㈠強化學生輔導功能：

1. 確立並加各級學校輔導組織（包括活動、就業、心理）之地位與編制。
2. 編製、修訂心理與教育測驗，建立符合我國國情之常模，促使學校青年瞭解自己。

㈡學校行政單位與全體教師之配合：

1. 學校內教務、訓導、輔導、總務各部門應發揮整體力量以推動輔導工作。
2. 全體教師共負輔導之責，教師、導師、輔導教師、訓導人員應充分配合。

㈢學校與社會機構之配合：

1. 學校應與家庭、校外心理輔導機構及有關機關聯繫、配合。
2. 統合有關社團機構之力量，積極推展學校青年輔導工作。

㈣政府行政與法令配合：

1. 主管教育行政機關根據工作目標，就制度、組織、法令、經費、課程、教學、師資及各項活動，詳加檢討、改進。
2. 加強學校各類輔導人員培養、進修與訓練，以提高輔導人員素質。
3. 人事、主計、青年就業輔導等行政主管機關應密切配合與支援。

㈤統一輔導工作權：為利於本要點之有效執行設一協調小組，由教育局部部長任召集人。

六、工作項目

㈠心理輔導方面：

1. 培養青年正確人生觀、價值觀及行為規範。
2. 加強心理衛生教育及輔導工作，以增進學生之身心健康。

3. 分區設置學校青年輔導諮商中心。

㈡生活輔導方面：

1. 協助學校清年解決生活疑難。
2. 美化、改善學生生活環境與設施。
3. 輔導青年參加自強活動。
4. 維護學校青年戶外活動之安全。
5. 強化學生社團組織之功能。
6. 設置緊急事件救援協調中心。

㈢學業輔導方面：

1. 培養學生正確之學習方法、態度與習慣。
2. 改進教學，發展青年潛能。

㈣職業輔導方面：

1. 加強職業陶冶，建立正確之職業觀念。
2. 充分提供學生職業資料，協助學生認識各種行業。
3. 協助青年做好就業準備。
4. 協助青年就業、創業。
5. 就業後之追蹤輔導。

七、工作經費

㈠本案奉核定後，七十一年度經費在各機關原有預算相當科目中支應，其無法容納者由教育部編列七十二年度概算報請行政院核定。

㈡學校、救國團及其他有關單位，亦得就現有預算相當科目內配合支應。

八、有關單位支援事項

㈠請行政院人事行局支援有組織、編制調整事項。

㈡請行政院主計處支援有關經預算編列事項。

㈢請內政部、行政院青輔會暨省市政府，輔導畢業學生就業、創業事項。

九、檢討與考評

㈠本要點有關之各種活動及具體作法，分別由主管機關、學校及有關單位，按實際狀況負責策劃、推動及檢查。

㈡主管機關應將所屬學校及有關單位推行本要點之工作項目列入考核項目，指定專人負責督導，並抽查實施成效。

㈢各單位應將實施情形詳加檢討，並將檢討結果與改進意見，於每學年度結束後一個月內，報請主管機關核備。

附錄四　少年不良行為及虞犯預防辦法

中華民國六十一年九月二十七日司法行政部(61)台刑(二)字第 08224 號令、教育部(61)台參字第 23307 號令、內政部(61)台內警字第 492085 號令會銜訂定發布；並自六十一年十二月一日施行

中華民國六十五年八月三十日司法行政部(65)台函刑字第 07474 號令、教育部(65)台訓字第 23125 號令、內政部(65)台內警字第 700186 號令會銜修正發布全文 18 條

中華民國七十年三月四日內政部(70)台內警字第 2730 號函、法務部(70)法檢字第 3166 號函、教育部(70)台訓字第 5966 號函會銜修正發布

中華民國八十八年十一月十七日內政部(88)台內警字第 8871767 號令、法務部(80)法令字第 001141 號令、教育部(88)台訓(二)字第 88107422 號令會銜修正發布全文 17 條；並自發布日施行

第 1 條 本辦法依少年事件處理法（以下簡稱本法）第八十六條第四項規定訂定之。本辦法未規定者，適用其他法令之規定。

第 2 條 七歲以上未滿十二歲之人，有不良行為或觸犯刑罰法律之虞者，準用本辦法之規定。

第 3 條 本辦法所稱少年不良行為，指少年有下列行為之一者：

一、與有犯罪習性之人交往。

二、出入妨害身心健康場所或其他少年不當進入之場所。

三、逃學或逃家。

四、無正當理由攜帶具有殺傷力之器械、化學製劑或其他危險物品。

五、深夜遊蕩。

六、對父母、尊長或教師態度傲慢，舉止粗暴。

七、於非公共場所或非公眾得出入之職業賭博場所，賭博財物。

八、以猥褻之言語、舉動或其他方法，調戲他人。

九、持有猥褻圖片、文字、錄影帶、光碟、出版品或其他物品。

十、加暴行於人或互相鬥毆未至傷害。

十一、無正當理由跟追他人，經勸阻不聽。

十二、藉端滋擾住戶、工廠、公司行號、公共場所或公眾得出入之場所。

十三、吸菸、嚼檳榔、飲酒或在公共場所高聲喧嘩。

十四、無照駕駛汽車、機車。

十五、其他有妨害善良風俗或公共秩序之行為。

第 4 條 本辦法所稱少年虞犯，指有本法第三條第二款各目所列行為之一者。

第 5 條 警察機關對於少年不良行為及虞犯之預防，除應利用巡邏查察等各種勤務經常注意勸導、檢查、盤詰、制止外，於週末、假日及寒暑假期間，並應協調主管教育行政機關邀集學校、社會團體派員組成聯合巡邏查察隊，加強實施上開工作。

學校、社會團體、各目的事業主管機關（構）得知少年有不良行為或虞犯等情事，必要時通知警察機關協助處理。

第 6 條 警察機關發現少年不良行為及虞犯時，除得予登記或勸導制止外，應視其情節依下列規定處理：

一、少年不良行為違反社會秩序維護法或觸犯其他法令者，分別依各該規定處理。

二、少年虞犯依本法移送少年法院（庭）處理。

三、少年虞犯事件與違反社會秩序維護法案件相牽連者，應先送少年法院（庭）處理。經少年法院（庭）裁定不付審理或不付保護處分者，其違反社會秩序維護法部分，如未逾二個月，仍得依社會秩序維護法處罰。

警察機關依前項規定處理完畢後，得酌情採適當方式通知少年之家長、就讀學校或在職機構加強管教。

第 7 條 少年法院（庭）處理之少年事件，於裁判後均應將裁判書正本分送原移送之警察機關；非警察機關移送者，應分送該少年住居地之警察機關。

第 8 條 少年法院（庭）將少年交付警察機關以外之機構、社會團體或其他適當之人保護管束時，應通知該少年住居地之警察機關。

第 9 條 受刑事或保護處分執行完畢之少年，應由執行機關將曾受處分之人製作名冊並附有關考核等資料，送該少年住居地或原移送之警察機關。

第 10 條 警察機關對於受刑事或保護處分執行完畢之少年，應根據其素行隨時瞭解其生活情形，如發現異狀，即予適當之處理。

第 11 條 各直轄市、縣（市）政府應設置少年輔導委員會，綜理規劃並協調推動預防少年犯罪之相關事宜。

少年輔導委員會應依受輔導少年之需要，協同或會同各目的事業主管機關及少年輔導機構，加強少年之輔導；並視其情形辦理各種技藝訓練、輔導就業與舉辦有關少年福利服務及其他輔導活動。

少年輔導委員會得遴聘當地熱心公益人士或大專校院相關科系學生，協助少年不良行為及虞犯之預防工作。

第 12 條 少年有下列情形之一者，應由少年輔導委員會綜理協調，予以妥善輔導：

一、受刑事、保護處分或經社會秩序維護法處罰執行完畢而在失學、失業或失養中者。

二、經少年法院（庭）裁定不付審理，諭知少年之法定代理人或現在保護少年之人對該少年嚴加管教或由少年調查官予以告誡者。

三、其他認有輔導必要者。

前項規定之少年，得由有關機關或少年之法定代理人或有監護權人送請輔導之。

第 13 條 依前條規定應予輔導之少年，有下列情形之一者，終止輔導：

一、年滿十八歲者。

二、實施輔導滿三年者。

三、具有其他法令上或事實上原因者。

第 14 條 為發揮整體功能，強化少年不良行為及虞犯預防績效，得由內政部邀集相關機關或單位及有關少年輔導機構、社會團體或專家學者，舉行「預防少年犯罪協調會報」，從事預防工作之規劃、協調、聯繫及推動事宜。

第 15 條 父母或監護人發現子女或受監護之少年有不良傾向難以管教時，得商請少年輔導委員會綜理協調教育、衛生、社政、警察及有關少年輔導機構、社會團體協助管教或作必要之矯治輔導。

第 16 條 各級學校為預防在學少年不良行為及虞犯之發生，應加強執行輔導管教措施，推廣生活教育活動，並與學生家長及警察機關保持密切聯繫。

各級主管教育行政機關應嚴格督導考核各級學校對於前項規定之執行成效。

各級主管教育行政機關、社政機關、社會教育機構及少年福利機構應經常舉辦有益少年身心健康之各項活動。

主管文化、新聞、出版之機關應協調大眾傳播媒體加強預防少年犯罪之宣導；對足以戕害少年身心健康之傳播並依法嚴加處分。

第 17 條 本辦法自發布日施行。

國家圖書館出版品預行編目資料

婚姻與親職教育 / 翁桓盛著.
-- 初版. -- 臺北市 : 心理, 2006[民 95]
面 ; 公分. --（通識教育 ; 20）
參考書目：面
ISBN 978-957-702-932-4（平裝）

1. 婚姻 2. 親職教育

544.3 95015037

通識教育 20 婚姻與親職教育

作　　者：翁桓盛
責任編輯：郭佳玲
總 編 輯：林敬堯
發 行 人：洪有義
出 版 者：心理出版社股份有限公司
社　　址：台北市和平東路一段 180 號 7 樓
總　　機：(02) 23671490　傳　　真：(02) 23671457
郵　　撥：19293172　心理出版社股份有限公司
電子信箱：psychoco@ms15.hinet.net
網　　址：www.psy.com.tw
駐美代表：Lisa Wu　tel: 973 546-5845　fax: 973 546-7651
登 記 證：局版北市業字第 1372 號
電腦排版：辰皓國際出版製作有限公司
印 刷 者：辰皓國際出版製作有限公司
初版一刷：2006 年 9 月
初版二刷：2007 年 4 月

定價：新台幣 300 元
ISBN 978-957-702-932-4